Gret Haller

Europas eigener Weg

Gret Haller

Europas eigener Weg

Politische Kultur in der Europäischen Union

Rotpunktverlag

Der Rotpunktverlag wird vom Bundesamt für Kultur mit einem Strukturbeitrag für die Jahre 2021 bis 2024 unterstützt.

www.rotpunktverlag.ch

Umschlagbild: marqs / photocase.de
Autorinnenfoto: Andreas Zimmermann
Lektorat: Christiane Schmidt
Korrektorat: Sarah Schroepf
Gestaltung und Satz: Patrizia Grab
Druck und Bindung: Friedrich Pustet, Regensburg

ISBN 978-3-03973-022-3
1. Auflage 2024

Dieser Titel ist auch als E-Book erhältlich.

Inhalt

Einleitung

Was hält die Europäische Union und ihre Mitgliedstaaten zusammen? Wie ist sie zu dem geworden, was sie heute ist? Und wie kann sie sich auf dieser Grundlage weiterentwickeln?

Diese Fragen können aus ganz unterschiedlichen Perspektiven beantwortet werden. In der historischen Abfolge stand zu Beginn und noch viele Jahrzehnte der Wunsch im Vordergrund, aus der Kriegslogik auszubrechen, die diesen Kontinent bis 1945 dominiert hatte. Die 1951 erfolgte Gründung der Europäischen Gemeinschaft für Kohle und Stahl stand ganz in diesem Zeichen.

Eine zweite klassische Antwort betrifft die Methode, mittels welcher die Vorgängerorganisationen der heutigen Union die europäische Integration ins Werk setzten: Grundlage der Europäischen Union sind Rechtsnormen, die entweder direkt im EU-Vertrag enthalten sind oder durch die Institutionen festgelegt werden, die dieser Vertrag geschaffen hat.

Eine dritte gängige Analyse stützt sich auf materielle Notwendigkeiten und geopolitische Zwänge. Zu Beginn und noch während des Kalten Krieges stand das Blockdenken im Vordergrund. Danach hofften einige auf zunehmende Deregulierung. Diese Phase wurde wiederum durch die Reaktion auf mannigfaltige Krisensituationen abgelöst, die nur durch verstärktes Zusammenstehen bewältigt werden konnten.

Hier wird nun vorgeschlagen, einer vierten Antwort nachzugehen, nämlich jener der politischen Kultur, die sich in unterschiedlicher Ausprägung einerseits auf europäischer Ebene und andererseits in den einzelnen Mitgliedstaaten findet. Dieser Ansatz steht zu den drei bereits genannten nicht im Widerspruch, bietet aber einen Schlüssel zum Verständnis der politischen Funktionsweisen Europas.

Unter politischer Kultur wird hier zweierlei verstanden. Zum einen geht es um die Institutionen, also darum, wie die Menschen das Politische institutionell einrichten. Zum anderen interessiert die Art und Weise, wie sich die Menschen zu diesen Institutionen verhalten oder nicht verhalten. Politische Kultur gehört zur Kultur im Allgemeinen, wenn sie nicht sogar als Voraussetzung für alles Kulturelle gesehen werden muss.

Die verschiedenen politischen Kulturen der Mitgliedstaaten vereinheitlichen sich nicht einfach in der Union. Wenn es eine politische Kultur der Union gibt, so besteht sie in der Art und Weise, wie sich die verschiedenen politischen Kulturen der Mitgliedstaaten aufeinander beziehen, sich gegenseitig beeinflussen und dennoch ihre Unterschiedlichkeit bewahren.

Politische Institutionen werden von Menschen ausgestaltet und durch sie belebt. Die Beschreibung politischer Kultur muss also von beidem ausgehen, von den Menschen und den politischen Institutionen. Im Folgenden befasst sich ein erstes Kapitel mit der Entwicklung der staatlichen und überstaatlichen Institutionen. In einem zweiten Kapitel wird nicht mehr von den Institutionen ausgegangen, sondern umgekehrt im anthropologischen Sinne vom Menschen. Diese beiden Aspekte werden im dritten Kapitel gemeinsam betrachtet, sie werden gegenseitig in Beziehung gesetzt, und es wird die sich daraus ergebende institutionelle Praxis der Europäischen Union beschrieben.

Die Weiterentwicklung der Europäischen Union ist Gegenstand des vierten Kapitels, immer mit Blick auf die politische Kultur. Widerstände spielen eine Rolle, insbesondere Angriffe auf Rechtsstaatlichkeit und Demokratie sowie rechtspopulistische Bewegungen. Auch das transatlantische Verhältnis wird thematisiert. Im fünften Kapitel schließlich wird versucht, aus dem bisher Dargelegten die verschiedenen Aspekte politischer Kultur zusammenzufassen und einen Bezug zu einem allgemeinen Kulturbegriff herzustellen. Die Rolle der Machtteilung in der Union, die Bedeutung der Friedensperspektive und ein Ausblick schließen den Text ab.

Nach über siebzig Jahren Entwicklung seit der Gründung der Europäischen Gemeinschaft für Kohle und Stahl hat die Union eine weltweit einzigartige Funktionsweise entwickelt, welche die politische Kultur Europas ausmacht. Rückblickend zeigt sich in einigen Details eine Vergleichbarkeit oder sogar Weiterentwicklung der Errungenschaften der Französischen Revolution, aus der damals der Nationalstaat in seiner heutigen Form hervorgegangen ist. Die europäische Integration hat der Nation eine neue Rolle zugeschrieben, wobei die Unionsbürgerschaft das Erbe bestimmter Funktionen dieser Nation angetreten hat.

1 Historische Entwicklung

Mit dem Entstehen der Europäischen Union kam nach dem Zweiten Weltkrieg eine Bewegung in Gang, die weltweit einmalig ist. Sechs europäische Staaten gründeten 1951 die Europäische Gemeinschaft für Kohle und Stahl (EGKS) und schufen für diese beiden kriegswichtigen Güter einen Binnenmarkt unter der Aufsicht einer supranationalen Behörde. Grundlage dazu war der am 9. Mai 1950 proklamierte Schuman-Plan des französischen Außenministers Robert Schuman. Der Plan war maßgeblich von Jean Monnet erarbeitet worden, damals Generalkommissar für den wirtschaftlichen Wiederaufbau Frankreichs nach dem Krieg. Monnet wurde auch zum ersten Präsidenten der sogenannten Hohen Behörde der EGKS.[1]

Mit dieser Gründung kam ein transnationales Gemeinwesen erstmals in einem Modus zustande, der bislang unbekannt war. Das Neue war der freiwillige Verzicht auf Teile der nationalen Souveränität. Er ist nur angesichts des unermesslichen Leids zu verstehen, das in der ersten Hälfte des 20. Jahrhunderts durch zwei Weltkriege und den Holocaust über Europa kam. Vor der Einsicht, dass dieses Geschehen auf ein uneingeschränktes Verständnis von nationaler Souveränität zurückzuführen war, konnte niemand die Augen verschließen. Kriegsvermeidung war das auch äußerlich sichtbar wichtigste Anliegen bei der Gründung der EGKS. Nur dieses rechtfertigte die Schaffung der neuen Behörde mit supranationalen Kompetenzen.

Supranationalität kennzeichnete auch die europäischen Organisationen, die 1957 neben die EGKS traten, die Europäische Atomgemeinschaft (EURATOM) und die Europäische Wirtschaftsgemeinschaft (EWG). Diese drei Organisationen wurden 1965 zur Europäischen Gemeinschaft (EG) zusammengeführt. 1992 erfolgte dann die Gründung der Europäischen Union, die der bisherigen wirtschaftlich ausgerichteten EWG/EG deutlich politische Elemente hinzufügte. Mit dem 2009 in Kraft getretenen Vertrag von Lissabon wurden die verschiedenen Vorgängerorganisationen schließlich zur Europäischen Union (EU) mit eigener Rechtspersönlichkeit vereinigt. Vorangegangen waren nach den Römer Gründungsverträgen von 1957 die Einheitliche Europäische Akte von 1986 sowie die Verträge von Maastricht 1992, von Amsterdam 1997 und von Nizza 2001. Nachdem der Verfassungsvertrag aufgrund von Referenden in Frankreich und in den Niederlanden gescheitert war, fanden viele der dort vorgesehenen Neuerungen Eingang in den Vertrag von Lissabon.

In allen Entwicklungsschritten folgte die europäische Integration immer einer Kombination des supranationalen mit dem intergouvernementalen Ansatz. Während supranational bedeutet, dass die Hoheitsgewalt auf eine übernationale Ebene übertragen wird, belässt das intergouvernementale Vorgehen die Souveränität bei den Staaten, verbindet sie aber transnational, sodass sich die verschiedenen Regierungsvertreterinnen und -vertreter einigen müssen. Der Europäische Rat (ER), in dem die Staats- und Regierungschefs eine Art Präsidium wahrnehmen, folgt klar der intergouvernementalen Methode. Diese Kombination supranationaler und intergouvernementaler Elemente macht das europäische Gemeinwesen zu etwas Neuem, für das es bis anhin keine Vorbilder gibt.[2]

Europäische Union und Staatlichkeit

Bei der Gründung der EGKS war eine Art partieller Bundesstaat geplant, eingeschränkt auf die hoheitliche Verfügungsgewalt über die beiden kriegsnotwendigen Güter. Ob die EU zu einem Bundesstaat oder nur zu einem Staatenbund werden solle, wurde vor allem im deutschsprachigen Raum diskutiert. Daran wurde die Verengung der

Sicht auf das deutsche Staats- und Verfassungsrecht kritisiert. Ins Spiel brachte man auch die Bezeichnung Bund. Gegen diese Wortwahl trat von zwei entgegengesetzten Seiten Widerspruch auf den Plan. Die einen sahen in ihr »zu viel Europa«, weil sie bereits in Richtung Bundesstaat führe. Die andern befürchteten einen Rückschritt der europäischen Integration, weil die Wortwahl an den Bund der Vaterländer erinnere, also an einen Staatenbund. Im französischen Sprachraum kam die Théorie de la Fédération auf. Schon Robert Schuman hatte das vorgeschlagene Integrationsprojekt in seinen ersten Entwürfen als »Fédération« bezeichnet, hatte dann aber auf diesen Begriff verzichtet, weil er Assoziationen an eine Staatsgründung hätte auslösen können. Im Anschluss an ein Urteil des deutschen Bundesverfassungsgerichts wird heute im deutschsprachigen Raum für die Union oft der Begriff des »Verbundes« verwendet, auch weil damit verschiedene Wortkombinationen möglich werden, Staatenverbund, Verfassungsverbund oder Verwaltungsverbund, um nur einige zu nennen.[3]

Wenn die Frage nach der Staatlichkeit der Union immer wieder gestellt worden ist, so liegt das auch am Staatsbegriff an sich. In demokratischen Rechtsstaaten geht Recht aus Politik hervor, und politische Verfahren folgen klaren rechtlichen Regeln, sodass sich Recht und Politik gegenseitig bedingen. Dieser gegenseitige Bezug überschreitet in der Europäischen Union nun den nur staatlichen Rahmen. Das stellt neue Anforderungen an

Recht und Politik jenseits einer traditionellen Staatlichkeit. In der Praxis wird die Entstehung von Recht damit transnational, und es ergibt sich eine neue Kategorie, die des Europarechts. Dieses unterscheidet sich vom traditionellen Völkerrecht, indem es über supranationale Qualität verfügt.

Inzwischen scheint sich die Ansicht mehrheitlich durchgesetzt zu haben, dass die EU nicht nur kein Staat ist, sondern auch nicht zu einem werden soll. Eine neuere französische Publikation wählt eine klare Zuordnung, indem sie im Rahmen der Union den Begriff État dem Staat vorbehält, der durch den Beitritt zur Europäischen Union vom souveränen Staat im traditionellen nationalstaatlichen Sinne zum EU-Mitgliedstaat wird. Das kleingeschriebene état bezeichnet demgegenüber den Zustand der Union im Sinne ihrer Verfasstheit. Die EU selbst wird als Fédération bezeichnet; darauf kommt das dritte Kapitel zurück.[4]

Die Kontroverse »mehr oder weniger Europa« kann längst nicht mehr auf die Frage Staatenbund oder Bundesstaat zurückgeführt werden, was eine Polarität nur zwischen den Mitgliedstaaten und der Union voraussetzt. In einer hier nur sinnbildlich verwendeten Darstellung, in der das Kräfteverhältnis zwischen der Union und den Mitgliedstaaten auf einer Achse liegt, ist diese Achse längst zu einer Seite eines Dreiecks geworden, deren gegenüberliegende Ecke vom Individuum bestimmt wird.

Zwar hatte Jean Monnet zur Erläuterung des Schuman-Planes 1952 präzisiert, es gehe darum, Menschen und nicht Staaten zusammenzuführen. Dennoch stand bei der Gründung der EGKS nicht das Individuum im Vordergrund, sondern nationale Interessen wirtschaftlicher und friedenspolitischer Natur. Die erste Aufwertung des Einzelnen begann durch die Rechtsprechung des Europäischen Gerichtshofs (EuGH) schon 1963 und wurde durch die Idee des Binnenmarkts verstärkt, die sich in den achtziger Jahren konkretisierte. Dadurch wurde das Individuum mit Befugnissen ausgestattet, die es zum eigentlichen Akteur der europäischen Integration werden ließen. Darauf wird im dritten Kapitel eingegangen. Über die wirtschaftlichen Grundfreiheiten hinaus fanden die Rechte des Individuums 1992 ihren Niederschlag formell in der Unionsbürgerschaft, die neben die Staatsbürgerschaft tritt, diese aber nicht ersetzt.[5]

Sogar die Formulierung »immer engere Verbindung der Völker« gemäß Präambel des EU-Vertrags kann heute dahingehend verstanden werden, dass sie sich nicht vor allem auf die institutionelle Entwicklung der Union bezieht, sondern auf eine Stärkung der europäischen politischen Identität des Individuums, die neben seine nationale politische Identität tritt. Interessant ist diesbezüglich die Veränderung in der Definition des Europäischen Parlaments (EP) durch Artikel 14 Absatz 2 des heute geltenden Vertrags von Lissabon. Während zuvor gemäß Artikel 189 des EG-Vertrags noch von einer Vertretung »der Völker der in der Gemeinschaft zusammengeschlossenen Staaten« die Rede war, gilt das Parlament nun als Vertretung »der Unionsbürgerinnen und Unionsbürger«.[6]

Im Hinblick auf die politische Kultur in der Union ist es durchaus sinnvoll, vom Individuum auszugehen. In der einzelnen Person kommen die verschiedenen Aspekte zusammen, die sich aus der politischen Identität auf den verschiedenen Ebenen ableiten und die individuell unterschiedlich gewichtet werden. Darauf wird im zweiten Kapitel auch aus anthropologischer Sicht näher eingegangen. Zuvor stellt sich aber die Frage, welcher Form von Institutionen diese Identität überhaupt gilt.

Staat und Nation

Die Europäische Union ist ein Gemeinwesen ohne Vorbilder. Dennoch ist ein Rückblick in die Geschichte sinnvoll, was die Entwicklung verschiedener Formen von Gemeinschaften oder Staatlichkeit betrifft. Schon aus der Antike sind einige bekannt, von den griechischen Stadtstaaten bis zu den großen Reichen, deren letztes das römische Großreich. Monarchien als kleinere Gebietseinheiten oder als größere Reiche prägten das Mittelalter; sie standen in Auseinandersetzung mit der Kirche, die ebenfalls Gebietsansprüche geltend machte. Zunächst in der Renaissance und dann mit den Anfängen der Aufklärung rückte das Individuum in den Blick, wenn auch beschränkt auf Adlige und anderweitig privilegierte Personen. Die entscheidende und bis heute wirksame Entwicklung setzte mit dem gleichzeitig beginnenden Kolonialismus ein. Was die Staatenbildung anbelangt, hat dieser in letzter Konsequenz dazu geführt, dass heute die ganze Welt in Nationalstaaten eingeteilt ist.

Der Nationalstaat ist in Europa erfunden worden, und die europäischen Kolonialmächte haben dieses Phänomen flächendeckend exportiert. Die ersten Kolonien wurden als Territorien europäischer Monarchien begründet oder privater Handelskompanien, die dann später in den Besitz der entsprechenden Kolonialmacht übergingen. Die Bildung von Nationalstaaten hatte zunächst keinen Zusammenhang mit dem Kolonialismus, der schon Jahrhunderte vorher eingesetzt hatte. In der zweiten Hälfte des 19. Jahrhunderts begannen sich die beiden Phänomene jedoch nicht mehr nur gegenseitig zu beeinflussen, sondern sie verschränkten sich.[7]

Nationalstaaten entstanden als eine Folge der Modernisierung. Diese brachte eine zunehmende Individualisierung, eine Loslösung der einzelnen Menschen von der Bindung an Herkunft, an Familie, Verwandtschaft, Dorfgemeinschaft oder Religion. Im Laufe des 18. Jahrhunderts hatte die Verbreitung von aufklärerischem Gedankengut zunehmend Autoritäten in Frage gestellt, Feudalherren, Priester, Zunftmeister und nicht zuletzt Familienoberhäupter. Längst nicht alle Menschen konnten es sich – ökonomisch und psychologisch – leisten, sich von der Abhängigkeit von solchen Autoritäten zu emanzipieren, Männer weitaus eher als Frauen, Knechte und Mägde ohnehin kaum. Wer sich aber die Hinwendung zum neuen Gedankengut leisten konnte, strebte danach, von religiösen, ständischen und sonstigen rechtlichen Einschränkungen befreit zu leben, was letztlich zu der Vorstellung freier und gleicher Individuen führte. Im Bereich der politischen Philosophie gilt die Nationalstaatenbildung geradezu als Muster der Modernität. Am deutlichsten manifestiert sich der Paradigmenwechsel in der Französischen Revolution und deren Folgen. Diese Revolution hat die Nation zu dem gemacht, was heute weltweit darunter verstanden wird.

Schon im späten Mittelalter kam dem Begriff der Nation für adlige Herrscher und in Bildungseliten politische Bedeutung zu. Wenn Herrscher Gebietsansprüche über die bisherigen Grenzen hinaus geltend machten, beriefen sie sich häufig auf nationalistische Zugehörigkeiten. Die damalige Verwendung des Begriffs bezog allerdings die Bevölkerung nicht mit ein. Erst mit der Revolution in Frankreich kam die Demokratie ins Spiel und schlug sich die Vorstellung des Volks aus freien und gleichen Individuen in den Begriffen Freiheit – Gleichheit – Brüderlichkeit nieder, dem ideologischen Dreigestirn dieser Revolution. Schrittweise wurde die Monarchie abgeschafft, und die neue Losung hieß Volkssouveränität.

Allerdings führte die so bewirkte Umwandlung des Staates weg von der Monarchie zu einer Art Identifikationsvakuum. Die neuen Begriffe, welche die Revolution auf ihre Fahnen schrieb, waren zu abstrakt, als dass sie die Individuen affektiv hätten ansprechen können. Der Staat allein hätte diese Lücke nicht füllen können. Benötigt wurde deshalb ein Gefäß, das den Individuen Beheimatung bot. Dieses Gefäß bildete nun die Nation, der eine neue Bedeutung zukam. Der französische Staat und die neu definierte Nation gingen eine tragfähige Verbindung ein.[8]

Die Nation wurde zum Inbegriff von Freiheit und Gleichheit, und die Idee der Demokratie verknüpfte sich unauflöslich mit der Vorstellung des Nationalstaats. Demokratien entwickelten sich in den folgenden Jahrhunderten praktisch ausnahmslos im Rahmen von Nationalstaaten. Ausgehend von Europa, erschien die Bildung von Nationalstaaten einer immer breiter werdenden Bevölkerung geradezu als Versprechen von demokratischer Mitbestimmung; Revolutionen wurden dafür in Kauf genommen, obwohl sie immer auch mit Unsicherheit und Gewalttätigkeit verbunden sind.

Anders in den kolonisierten Gebieten, in denen Nationalstaaten durch die Kolonialmacht teils durch mit dem Lineal gezogenen Strichen auf Landkarten geschaffen wurden. Von Demokratie konnte hier keine

Rede sein; Kolonien sind vielmehr geprägt von Unterdrückung und Ausbeutung. Der Nationalstaat ist keine Garantie für Demokratie. Vielfach wurden demokratische Ansätze in einzelnen Nationalstaaten wieder ausgelöscht, oder es wandelten sich Demokratien zu Diktaturen. Von antidemokratischen Ansätzen sogar in Mitgliedstaaten der Europäischen Union wird im vierten Kapitel die Rede sein. All dies ändert nichts daran, dass der Nationalstaat durch die Französische Revolution im Zeichen der Demokratie aus der Taufe gehoben wurde.[9]

Wenn sich diese Entwicklung für das Individuum in der erwähnten Loslösung von Familie, Religion und im Verlassen der Dorfgemeinschaft manifestierte und oft auch in der Suche nach einer Existenz in einem mehr städtischen Umfeld, so darf nicht ausgeblendet werden, dass sich in den Städten Elendsquartiere bildeten und ausdehnten. Armut wurde nicht mehr durch den sozialen Rückhalt der Dorf- oder anderer Gemeinschaften aufgefangen, sodass dem neu erstandenen Nationalstaat auch die Aufgabe zukam, sich um das Wohlergehen der Bevölkerung zu kümmern. Konnte diese Aufgabe nicht wenigstens annähernd erfüllt werden, erhielten ursprünglich demokratisch motivierte Revolutionen auch eine soziale Komponente, was vor allem die Entwicklung der Französischen Revolution entscheidend beeinflusst hat.

Wie die Nation ist auch der souveräne Staat eine europäische Erfindung. Die Grenzziehung von Staaten nach außen kam im ausgehenden 15. Jahrhundert auf; die beschriebene Verbindung des Staates mit dem durch die Französische Revolution neu definierten volkssouveränen Gedanken der Nation begann erst dreihundert Jahre später. Als Hoffnungsträgerin für das Entstehen einer Demokratie gelten Nationen erst seit dem späten 18. Jahrhundert. Zuvor war der Begriff für ethnische Gruppierungen verwendet worden, nur vereinzelt auch für Staaten; so hat sich England schon seit Mitte des 17. Jahrhunderts als *nation* bezeichnet. Heute wird Nation durchweg mit Nationalstaat gleichgesetzt, weshalb die 1945 geschaffene weltweite Staatenorganisation Vereinte Nationen heißt. Im allgemeinen Sprachgebrauch bedeutet national heute einzelstaatlich und ist der Gegenbegriff zu international, transnational, multinational oder supranational.

Nationalstaaten und ihre imperiale Vergangenheit

Ein Staat ist räumlich durch seine Außengrenzen definiert. Die Nation bestimmt sich demgegenüber durch kulturelle Einheitlichkeit. Die beiden Begrifflichkeiten sind nicht kongruent. Als sich Staat und Nation für die Nationalstaatenbildung verbanden, entstand der Druck, die beiden Bereiche in Übereinstimmung zu bringen. Deshalb führte die Nationalstaatenbildung fast durchgehend zu Gewalt gegen innen und gegen außen. Durch Kriege wurden Staatsgrenzen verschoben und sollten so mit Grenzen kulturell definierter Volksgruppen in Übereinstimmung gebracht werden. Umgekehrt wurden ethnische Gruppen, die man als nicht zugehörig zur nationalen Kultur definierte, über die Staatsgrenzen hinaus vertrieben oder ausgelöscht. Gewalt gegen innen zeigte sich vor allem in Staaten, die schon lange bestanden und in denen regionale Sprachen und Kulturen nun als fremd erklärt und unterdrückt wurden, um eine vermeintliche kulturelle Einheitlichkeit zu erreichen. Gemeinsam ist all diesen Vorgängen, dass die Differenzen zwischen dem »wir« und »den Anderen« vertieft werden, was zu klaren Feindbildern führt.[10]

Beschreibungen der Entstehungsgeschichte der Europäischen Union gehen in der Regel davon aus, dass die ihr angehörenden Staaten auf eine längere oder kürzere Existenzphase als Nationalstaat zurückblicken können. Diese sei dann durch die EU-Mitgliedschaft mit dem Übergang vom Nationalstaat zum EU-Mitgliedstaat abgelöst worden.

Schon in den achtziger Jahren hat Ernest Gellner darauf hingewiesen, dass im europäischen Ost-West-Verhältnis verschiedene Nationalismen unterschieden werden sollten. Dem Einigungsnationalismus für eine bestehende Hochkultur, wie die englische und die französische, später auch die italienische und die deutsche, stellt er die von ihm sogenannte Habsburgform des

Nationalismus gegenüber, die sich auch in Ländern südlich und östlich der österreichisch-ungarischen Doppelmonarchie finde. In diesen Großreichen lebten viele unterschiedliche Völker zusammen, also ethnische Gruppierungen. Zwar habe es eine zentrale Hochkultur gegeben, aber der privilegierte Zugang zu ihr sei den Machthabenden vorbehalten gewesen. Demgegenüber hätten die ethnischen Gruppierungen zwar über eigene Volkskulturen verfügt, hätten aber kaum Zugang zu Bildung und Macht gehabt, die ausschließlich über die Hochkultur vermittelt worden sei. Aufgrund dieser Situation hätten solche ethnischen Gruppierungen Unabhängigkeit von der Hochkultur in einem eigenen Nationalstaat angestrebt, indem sie ihre Volkskulturen zu Nationalismen emporstilisiert hätten.[11]

Eine neuere Diskussion befasst sich auf eine ähnliche Weise mit dem Ost-West-Verhältnis innerhalb der Europäischen Union. Die bislang unbestrittene Sicht, dass alle europäischen Staaten vor ihrer Mitgliedschaft auf eine Geschichte als Nationalstaaten zurückblicken könnten, wird in Frage gestellt. Es wird auf die imperiale Vergangenheit einiger westeuropäischer Staaten verwiesen. Zugespitzt wird die These vertreten, viele der westeuropäischen Staaten seien nie eigentliche Nationalstaaten gewesen, sondern Imperien, die nach dem Zweiten Weltkrieg in der europäischen Integration einen Ausweg gefunden hätten, um den Niedergang des Kolonialismus aufzufangen. Dieser Kritik geht es nicht um die Frage, ob und inwieweit die Außenbeziehungen der Europäischen Union heute imperialistische Aspekte aufweisen, sondern lediglich um die Einordnung der damaligen Motivation dieser Staaten, die europäische Integration voranzubringen. Es habe zwischen der Zeit als Imperium und der europäischen Integration keine Zwischenphase gegeben, in der diese Staaten als Nationalstaaten souverän gewesen seien und sich isoliert entwickelt hätten.[12]

Diese Sicht hat eine gewisse Plausibilität, auch in Hinblick auf die Überlegungen Gellners zum Habsburgnationalismus. Eine neuere Analyse des unterschiedlichen Nationenverständnisses in West- und Ostmitteleuropa ergibt, dass erst seit 2004 mit der EU-Osterweiterung Länder zu EU-Mitgliedstaaten werden oder den Status von Beitrittskandidaten erreichen, die früher in größere Verbände eingebunden waren wie das Habsburgische, das russische oder das osmanische Reich. Solche Länder würden noch heute von dem Selbstbild zehren, sich als früher Unterworfene großer Staatsideologien von diesen befreit zu haben. Den Staatsideologien, zu denen auch der Staatssozialismus zählt, haben diese Staaten ihren Selbstbehauptungswillen entgegengesetzt, mit anderen Worten ihre Eigenentwicklung, eine Erfahrung, welche die westeuropäischen Staaten mit imperialer Vergangenheit nie gemacht haben. Dass in einer solchen Befindlichkeit ostmitteleuropäischer Länder Brüssel unversehens als das neue Wien, Byzanz oder Moskau gesehen werden kann, liegt auf der Hand.[13]

Die Verschränkung von Kolonialismus und Nationalstaatenbildung begann in der zweiten Hälfte des 19. Jahrhunderts. In der Expansion nach außen folgten die imperialen europäischen Mächte ihrem zivilisatorischen Missionsgedanken. Die Kolonisierung und Ausbeutung der außereuropäischen Gebiete war aber auch mit der Erwartung sozialer Reformen im Innern dieser Staaten verbunden. Vom Nationalstaat wurde Vorsorge und Wohlfahrtsstaatlichkeit erwartet, und die Gewinne der kolonialen Ausbeutung sollten genauso dazu dienen, die Wohlfahrt im Mutterland weiter auszubauen. Mit einer heute in Europa unvorstellbaren Selbstverständlichkeit ging man auf diesem Kontinent davon aus, dass es sich bei den Bewohnerinnen und Bewohnern der kolonisierten Gebiete nicht um Menschen mit denselben Bedürfnissen und derselben Würde handelte.

Die Universalität, welche die Französische Revolution den Menschenrechten zugesprochen hatte, wurde lange Zeit blind verletzt. Erst mit der in der zweiten Hälfte des 20. Jahrhunderts einsetzenden Dekolonisierung gelangte diese Ungeheuerlichkeit schrittweise ins europäische Bewusstsein. Dieser Prozess ist noch längst nicht abgeschlossen und hat in der Klimakrise eine neue Aktualität erlangt. Dennoch hat dieselbe Revolution die Grundlage für die europäische Nationalstaatenbildung hervorgebracht und damit die Hoffnung auf Freiheit und Demokratie.[14]

Die Beschreibung der politischen Kultur in der Europäischen Union kann diesen Widersprüchen im Umgang mit den Errungenschaften der Französischen Revolution, die auf imperialistischen Denkstrukturen beruhen, nicht ausweichen. Gegensätzliche Betroffenheit durch solche Denkstrukturen beeinflusst aber auch die Wahrnehmung der Bildung von Nationalstaaten in West- und Ostmitteleuropa. Die historischen Erfahrungen in diesen beiden Teilen Europas stimmen nicht überein. Daraus können unterschiedliche Wahrnehmungen der heutigen Abläufe in der Europäischen Union folgen. Westeuropäischen Unionsbürgerinnen und -bürgern kommt nicht Wien, Byzanz oder Moskau in den Sinn, wenn sie an Brüssel denken. Ihnen ist die Entstehungsgeschichte ihrer Nationalstaaten anders überliefert worden, als ihre Mitunionsbürgerinnen und -bürger die Geschehnisse nach dem Mauerfall zum Teil noch selbst erlebt haben.[15]

Das Individuum im Nationalstaat

Für das Individuum auf dem europäischen Kontinent brachte die Französische Revolution die Befreiung von Herkunftskategorien wie Familie, Verwandtschaft, Dorfgemeinschaft, Religion oder Standeszugehörigkeit. Bindende Herkunft und damit auch der Vergangenheitsbezug wurden ersetzt durch individuelle Freiheit, verbunden mit der Aufgabe, den neuen Freiraum zu betreten, ihn, wenn möglich, zu gestalten und dadurch einen Zukunftsbezug herzustellen.

Indessen ist damit die neue Freiheit noch nicht ausreichend umschrieben. Freiheit braucht einen gewissen Rahmen, nicht zuletzt um den Freiraum des befreiten Individuums zu schützen. Neben die Aufgabe, den neuen Freiraum individuell auszufüllen, trat deshalb die nicht weniger wichtige Aufgabe, gemeinsam mit den anderen befreiten Individuen zu kommunizieren und sich damit zu befassen, wie die neue Ordnung auszugestalten sei, damit sie die Freiheit des Einzelnen überhaupt gewährleisten konnte.

Diese Situation spiegelt sich in den Forderungen des Liberalismus wider, die in der Revolution mit den Forderungen des Republikanismus konfrontiert wurden. Liberale Theorien betonen den Individualismus, individuelle Freiheit und Gleichheit sowie subjektive Rechte, insbesondere das Recht auf Eigentum. Republikanische Theorien verbinden den Individualismus darüber hinaus mit der politischen Sphäre als wichtigen Bestandteil menschlicher Existenz. Gemeinsam ist dem Liberalismus und dem Republikanismus, dass sie beim Individuum ansetzen. Der Liberalismus bleibt diesem Ansatz eng verbunden, während ihn der Republikanismus normativ durch die Politik ergänzt, also durch die Beziehung des Individuums zu den anderen Individuen in einem bestimmten lokal umrissenen Gebiet oder in einem bestimmten Personenkreis. Der Republikanismus unterscheidet sich vom Liberalismus dadurch, dass er das Individuum als Mitindividuum betrachtet, und zwar als ein politisches Mitindividuum.[16]

Wie kaum in einem anderen Bereich verlangte die politische Auseinandersetzung in der Französischen Revolution dem Individuum die Fähigkeit der Kommunikation mit anderen Menschen ab, deren Herkunft mit der eigenen nicht übereinstimmte. Das war damals neu. Die Notwendigkeit ergab sich schon allein aus der Individualisierung an sich, die mit der Aufklärung in Frankreich einen geradezu revolutionären Durchbruch erlebte. Die Einzelnen traten aus ihrer bisherigen Gemeinschaft heraus, wo ihnen meistens Personen gleicher oder ähnlicher Herkunft begegneten. Aber nun kam die republikanische Anforderung hinzu. Obschon man die Lebenssituation des anderen Individuums nicht aus eigener Erfahrung kannte, musste man immerhin bereit sein, diese andere Situation wahrzunehmen und deren Hintergründe zu verstehen. Andernfalls wäre man nicht in der Lage gewesen, an der Aushandlung einer Ordnung teilzuhaben, die den Anspruch erhob, Freiheit mit Gleichheit zu verbinden. Die beiden Begriffe werden nur dann kompatibel, wenn die eigene Freiheit in Verbindung mit der Freiheit der Anderen betrachtet wird, obwohl diese an sich Fremde sind, also nicht dieselbe Herkunftserfahrung haben.

Der dritte Begriff des Dreigestirns der Revolution, die Brüderlichkeit, wird heute in der Regel mit Solidarität übersetzt. Dieser Begriff hatte in der Französischen Revolution noch kaum die ökonomische Bedeutung, die heute bei Diskussionen über Solidarität oft auch in den Vordergrund gerückt wird. Der damalige Begriff der Brüderlichkeit bezog sich vor allem auf die Anforderung, die Lebenssituation des Mitindividuums auch ohne entsprechende eigene Erfahrungen zu berücksichtigen. Diese Anforderung bestimmt politische Auseinandersetzungen bis heute. Politische Einbindung kann nur entstehen, wenn sich diejenigen, die eine Idee vertreten, auch vorstellen können, was Andere von dieser Idee halten. Erste Voraussetzung dafür ist die Bereitschaft, die Erfahrung Anderer überhaupt wahrzunehmen. Universalität einer Idee, deren Anspruch auf Allgemeinheit, kann ohne Wahrnehmung der Lebenssituation aller Menschen jedenfalls nicht behauptet werden.[17]

Eine andere grundlegende Neuerung jener Zeit, vorbereitet durch die Aufklärung, betrifft die politische Veränderbarkeit. Die öffentliche Ordnung, die zuvor bestimmt hatte, was als erlaubt, als geboten oder als verboten betrachtet wurde, hatte plötzlich keine Geltung mehr. Auch aus Gewohnheiten, die bisher als selbstverständlich gegolten hatten, konnte keine Normalität mehr abgeleitet werden. In seiner 1859 erschienenen Analyse der Französischen Revolution schreibt Jacob Burckhardt: »Das entscheidend Neue, das durch die Französische Revolution in die Welt gekommen ist, ist das Aendern-Dürfen und das Aendern-Wollen.« Das

Aushandeln einer neuen Ordnung ist ein politischer Vorgang, der davon ausgeht, dass das Individuum zum Überkommenen oder Gewohnten Distanz nimmt und es in Frage stellt. Hier zeigt sich eine Verbindung zur Notwendigkeit, die eigene Lebenserfahrung ins Verhältnis zu der Anderer zu setzen, obwohl diese an sich Fremde sind, also nicht dieselbe Herkunft haben. Unter Umständen löst die Auseinandersetzung mit dem Neuen sogar eine Fremdheit gegenüber der eigenen Herkunftserfahrung aus.[18]

Was hier als politischer Durchbruch der Individualisierung beschrieben ist, vollzog sich jedoch langsam und schrittweise. So stand das Wahlrecht in der Revolution nur Männern zu, lange Zeit sogar nur denjenigen, die über Eigentum und insbesondere Grundeigentum verfügten. Auch nach der Revolution vertrat der Familienvater als Familienoberhaupt nicht nur seine Frau, die Töchter und minderjährigen Söhne, sondern auch Knechte und Mägde, die nicht über Eigentum verfügten.

Grund- und Menschenrechte kommen in der Regel zuerst relativ kleinen, bereits privilegierten Gruppen zu. Sie sind aber ein Ansporn, denn immer weitere Kreise beanspruchen diese Rechte auch für sich. Olympe de Gouges stellte der Déclaration de l'Homme et du Citoyen von 1789 im Jahre 1791 ihre Déclaration des droits de la Femme et de la Citoyenne zur Seite. In einem bewaffneten Aufstand zwangen die schwarzen Sklaven auf Haiti die französische Republik 1794, die Kolonie

Saint-Domingues als unabhängig anzuerkennen und damit im ganzen Kolonialreich die Sklaverei abzuschaffen. Auch wenn Olympe de Gouges 1793 auf dem Schafott endete, handelt es sich bei diesen Ereignissen um die Anfänge des Ausweitungsprozesses, der mit den Menschenrechten untrennbar verbunden ist.[19]

Die Stellung des Individuums im Nationalstaat und die seitherige Entwicklung dieser Stellung sind auch grundlegend für die Demokratie, wie sie heute verstanden wird. Freiheit, Gleichheit und Brüderlichkeit von damals wurden entsprechend den Anforderungen sich verändernder gesellschaftlicher Verhältnisse weiterentwickelt und in neue Begrifflichkeiten übersetzt. Politische Veränderbarkeit ist die Voraussetzung dafür, dass das Grundanliegen der Freiheit garantiert werden kann. Eine bedeutende Anforderung an die Übersetzung in neue Begrifflichkeiten entstand mit der Gründung der heutigen Europäischen Union.

Das Individuum in der Europäischen Union

Der Bürger, wie er im deutschen Sprachraum genannt wird, erhielt in der französischen Revolution zwei Bedeutungen als Bourgeois und Citoyen, und er ist immer beides zugleich. Als Bourgeois geht er seinen privaten Interessen nach, als Citoyen nimmt er an der politischen

Willensbildung teil. Diese Doppelrolle hat er auch in der Europäischen Union. Aber die Entstehung der beiden Bedeutungen ist hier eine andere.

Die bereits erwähnte und von Jean Monnet formulierte Zielsetzung, die Individuen zusammenzuführen, fand ihre Konkretisierung vor allem im 1992 eingeführten Binnenmarkt. Dieser basiert auf den vier Grundfreiheiten des freien Waren-, Dienstleistungs- und Kapitalverkehrs sowie der Personenfreizügigkeit. Von diesen Freiheiten profitieren Bürgerinnen und Bürger in ihrer Rolle als Marktbürger – als Bourgeois, hätte man in den Begriffen der Revolution gesagt. Die Grundfreiheiten erfuhren im Rahmen des Binnenmarktes einen qualitativen Sprung, insbesondere durch die Rechtsprechung des EuGH. Der einzelne Marktbürger wurde zu einem wichtigen Akteur in der Durchsetzung von EU-Recht, indem er individuell die Anwendung dieses Rechts auch vor nationalen Gerichten einklagen kann.[20]

Es gibt Aspekte, die bereits bei der Nationalstaatenbildung im 19. Jahrhundert eine Rolle gespielt haben und die in gewissem Sinne in der Entstehung der Union eine Entsprechung finden. So kann man etwa die damalige Befreiung der Kaufleute von einschränkenden rechtlichen Bestimmungen, die durch Feudalherren oder Zünfte erlassen worden waren, durchaus mit Handelserleichterungen im EU-Binnenmarkt vergleichen. Hingegen fehlt heute die Neudefinition der Nation in der Form, wie sie damals entscheidend zur Nationalstaatenbildung beitrug. Die Europäische Union kann und wird keine Nation werden.

Zwei Dinge halten die Union zusammen, einerseits das Recht und andererseits die Politik, also die politischen Abläufe, aus denen das Recht hervorgeht. Im demokratischen Rechtsstaat sind Recht und Politik aufeinander bezogen; sie bedingen sich gegenseitig. Demokratie und Rechtsstaatlichkeit werden in der Union auf eine höhere Ebene ausgeweitet, ohne aber das einigende Gefäß der Nation auf die obere Ebene mitzunehmen. Auch der Anspruch, ein Staat zu sein, wurde auf der nationalen Ebene zurückgelassen. (Siehe S. 14 f.) Demokratie und Rechtsstaatlichkeit sind zwei der Grundwerte der Europäischen Union, die in Artikel 2 des EU-Vertrages verankert sind; die anderen sind Menschenwürde, Freiheit, Gleichheit und Wahrung der Menschenrechte. Die Weiterentwicklung von Demokratie und Rechtsstaatlichkeit erfolgt nun jenseits von Staat und Nation. Deshalb wird die Europäische Union auch als »supranationale Verankerung von Rechtssicherheit« beschrieben.[21]

Betrachtet man die historische Entwicklung der Union im Lichte dieser beiden Prinzipien, Demokratie und Rechtsstaatlichkeit, so lag das Hauptgewicht zunächst bei Letzterer. Schon früh wurde dies als ungleichgewichtig bemängelt und die Stärkung der Rolle des Citoyen gegenüber des Bourgeois verlangt. Der Einzelne könne in der europäischen Integration nicht auf den

Marktbürger und die Rolle des Homo oeconomicus reduziert werden, sondern es brauche auch seine Mitwirkung als Homo politicus, also seine Mitwirkung an der demokratischen Legitimation des europäischen Projekts.

Letztlich geht es dabei um das Verhältnis von Recht und Politik. Die Vorgängergemeinschaften der heutigen EU wurden als Rechtsgemeinschaften mit deutlichem Bezug zur Politik gegründet. Wenn dem Recht zunächst eine größere Bedeutung zugemessen wurde als der Politik, so kann dies auch auf den Umstand zurückgeführt werden, dass der erste langjährige Vorsitzende des Vorgängergremiums der heutigen EU-Kommission Walter Hallstein (1958–1967) durch die deutsche Rechtstradition geprägt war. Im Gegensatz zu dieser räumt etwa die revolutionäre Verfassungstradition Frankreichs der Politik bei der Entstehung von Recht generell eine entscheidende Rolle ein.[22]

Die Aufwertung des Citoyen begann 1979 mit der Einführung der Direktwahl des Europäischen Parlaments. Vorher hatten die nationalen Parlamente Delegationen ihrer Mitglieder ins Europäische Parlament entsandt. So entstand in der EU ein duales Konzept der demokratischen Legitimation. Der 1979 geschaffene Legitimationsstrang ist ein direkter, konkretisiert über die Wahl zum Europäischen Parlament. Der damals schon bestehende Legitimationsstrang war und ist nach wie vor ein indirekter. Die Bürger und Bürgerinnen wählen die Parlamente der Mitgliedstaaten. Diese entsenden Minister in den Rat der Europäischen Union – nicht zu verwechseln mit dem Europäischen Rat, dem die Staats- und Regierungschefs angehören. Der Rat der Europäischen Union, oft einfach Rat genannt, manchmal auch Ministerrat, tagt in verschiedenen Formaten, den Fachministerräten, wie zum Beispiel dem Rat für Umwelt, dem Rat für Justiz und Inneres oder dem Rat für Allgemeine Angelegenheiten. Sowohl die Entsendung von Ministerinnen und Ministern in die Fachministerräte als auch die Entsendung der Staats- und Regierungschefs in den Europäischen Rat gehen auf mitgliedstaatliche demokratische Politik zurück. Alle diese Amtsträger werden von den nationalen Parlamenten bestimmt oder gehen aus nationalen Wahlen hervor.

Die beiden Legitimationsstränge, der direkte und der indirekte, bedingen sich gegenseitig. Die Bürgerinnen und Bürger der Mitgliedstaaten üben ihre demokratische Mitwirkung in der Union gleichzeitig über beide Legitimationsstränge aus, einerseits über die Wahlen zu den nationalen Parlamenten und andererseits über die Wahl zum Europäischen Parlament.[23]

Einer weiteren Aufwertung des Citoyen diente die Unionsbürgerschaft, die 1992 formell durch den Maastricht-Vertrag eingeführt wurde und zunächst nicht viel mehr als einer Deklamation gleichkam. Erst die Auslegungspraxis des Europäischen Gerichtshofs ab Ende der neunziger Jahre machte sie zu einem juristisch wirksamen Instrument. Insbesondere wurde sie mit dem Diskriminierungsverbot aufgrund von Nationalität in Zusammenhang gebracht, was nicht nur zur Anerkennung sozialer Ansprüche in anderen Mitgliedstaaten führte, sondern sich auch auf die Freizügigkeit der Unionsbürgerinnen und Unionsbürger außerhalb des Arbeitsmarktes auswirkte. Bereits mit der Einführung der Unionsbürgerschaft wurde das Recht zur Teilnahme an Kommunalwahlen auch ohne Staatsangehörigkeit des Wohnsitzlandes eingeführt. Von der Unionsbürgerschaft wird im dritten sowie im fünften Kapitel nochmals die Rede sein.[24]

Während sich die rechtsstaatliche Qualität der Union darin zeigt, dass sie Bürgerinnen und Bürger als Rechtssubjekte schützt, insoweit diese dem Unionsrecht unterstellt sind, manifestiert sich die demokratische Qualität der Union darin, dass Bürgerinnen und Bürger über beide Legitimationsstränge an der Setzung von Unionsrecht mitwirken. So können die beiden Prinzipien Rechtsstaatlichkeit und Demokratie auch aus dieser Perspektive den beiden Rollen des Marktbürgers und des Citoyen zugeordnet werden, die sich damit in einer Person, im Individuum, verschränken.

Die gegenseitige Verschränkung der beiden Prinzipien bedeutet, dass die Unionsbürgerschaft nicht nur einfach neben die Bürgerschaft im Mitgliedstaat tritt. Vielmehr verwandeln sich nationale Demokratien aufgrund des dualen Konzeptes der demokratischen Legitimation auch in europäische Demokratien. Die Union gewährt ihren Bürgerinnen und Bürgern in allen Mitgliedstaaten umfassenden Rechtsschutz, soweit es um EU-Recht geht. Hier spielen die Grundrechte eine zentrale Rolle. Über den völkerrechtlichen Menschenrechtsschutz hinaus, wie er zum Beispiel durch die Europäische Menschenrechtskonvention des Europarates (EMRK) gewährt wird, sind die europarechtlich garantierten Grundrechte unabdingbar, weil Europarecht als supranationales Recht gegenüber den einzelnen Bürgerinnen und Bürgern auch gegen deren Willen durchsetzbar ist. Dies gilt genauso für nationales, also mitgliedstaatliches Recht. Aber im Mitgliedstaat gelten die verfassungsmäßigen Grundrechte, die sich nicht auf die Ebene der Union übertragen lassen. Demokratische Rechtsstaatlichkeit verlangt deshalb einen grundrechtlichen Schutz der betroffenen Bürgerschaft gegen jedes hoheitliche Handeln, sei dies nun auf der Ebene des Mitgliedstaats oder auf der Ebene der Union.[25]

2 Anthropologische Aspekte

Anthropologie ist ein Begriff, unter dem in der Regel zunächst die Entwicklungsgeschichte der Menschheit über Jahrmillionen verstanden wird. Der Begriff umfasst aber auch das Menschenbild, wie es sich im Lauf der Zeit wandelt. Wenn hier von anthropologischen Aspekten die Rede ist, so geht es darum, Menschenbilder zu umschreiben und zu hinterfragen. Im ersten Kapitel ist das insbesondere für die Zeit um das Ende des 18. Jahrhunderts skizziert worden. Es stellt sich nun die Frage, inwieweit das europäische Projekt die Vorstellung vom Menschen beeinflusst, oder umgekehrt, ob dieses Projekt von einer bestimmten Vorstellung ausgeht, die man auf diesem Kontinent vom Menschen hat. Menschenbilder haben an sich universalen Charakter. Dennoch haben sich immer wieder regionale Besonderheiten herausgebildet. Das gilt insbesondere für Europa, wo die Europäische Union im Umgang mit Recht und Politik weltweit Neuland betritt.

Die Einzelnen in der Gesellschaft

Der Philosoph Helmuth Plessner hat 1924 einen schmalen Band mit dem Titel »Die Grenzen der Gemeinschaft« publiziert. Nicht direkt, aber indirekt nimmt er auf die Unterscheidung des Soziologen Ferdinand Tönnies und dessen Publikation »Gemeinschaft und Gesellschaft«, erstmals erschienen 1887, Bezug. In der damaligen wissenschaftlichen Diskussion wurde Gemeinschaft deutlich bevorzugt. Für die 1955 erschienene Neuausgabe von Tönnies' Werk schrieb Plessner ein kurzes Nachwort, in dem er den historischen Hintergrund der eigenen Schrift erläutert. Er habe den »affektgeladenen Missbrauch« kritisieren wollen, der in Deutschland mit Tönnies' Dichotomie betrieben worden sei. In diesem Nachwort macht er deutlich, warum er sich der damaligen Überhöhung der Gemeinschaft entgegenstellt und demgegenüber die Werte der Gesellschaft hochhält.[26]

Zum Verständnis seiner Schrift von 1924 ist der biografische Hintergrund des Autors nicht unerheblich. Nach der 1916 in Erlangen erfolgten Promotion gab Plessner eine Stellung als Sekretär des Erlanger Universitätsbundes aufgrund von Auseinandersetzungen mit der reaktionären Universitätsleitung bald wieder auf und widmete sich den politisch orientierten philosophischen Diskussionen in der Freien Studentenschaft in München, zu der er 1917 gestoßen war. Plessner erlebte in der Stadt das Ende des Ersten Weltkriegs, dann 1918/19 die bayrische Räterepublik und deren Niederschlagung.

Er beobachtete den sozialen Radikalismus der Jugendbewegung und deren Verklärung des Gemeinschaftsgedankens bis hin zur Politisierung dieses Gedankens, was später in die völkische Bewegung und in den Nationalsozialismus mündete. Plessner kritisierte die Verklärung aber auch am sozialen Radikalismus der Bewegung, die sich nach der 1917 erfolgten Revolution am Kommunismus orientierte: »Marschiert heute die Diktatur, in Russland den Privatbesitz enteignend, in Italien und Spanien ihn schützend, so wagt sie es doch nur aus dem Gemeinschaftsethos heraus, das ihr, ob bolschewistisch oder faschistisch, als Unterstützung ihrer Macht immer willkommen ist.«[27]

Plessner argumentiert gegen dieses sich politisch artikulierende Gemeinschaftsethos, das sich in den beiden Formen des Totalitarismus wiederfindet. Beide binden die Individuen so eng aneinander, dass sie sich notwendigerweise gegen außen abgrenzen. Gemeinschaft beruht auf Zugehörigkeit und kann nur dadurch gesichert werden, dass sie sich immer wieder abgrenzt von allem, was nicht dazugehört, seien es nun Leute, Dinge oder Situationen. In der national-völkischen Gemeinschaft entwickelt sich eine so tiefe Bindung an die Volksgemeinschaft, dass Plessner diese Form »Vertrautheits- oder Liebesgemeinschaft« nennt. Anders beim Kommunismus in der internationalen Variante, in der Vernunftkategorien so durchdacht werden, dass sie den Zugehörigen als absolute Wahrheit erscheinen müssen; wer diese Wahrheiten nicht anerkennt, gehört zu den Ausgeschlossenen, die bekämpft werden. Diese zweite Form nennt Plessner »Sachgemeinschaft«.[28]

Dem Gemeinschaftsethos stellt Plessner das Gesellschaftsethos gegenüber, in dem die Öffentlichkeit eine zentrale Rolle spiele. Während es im Privaten eine Vertrautheit der Menschen untereinander und tiefe Bindungen gebe, machten dieselben Menschen in der Öffentlichkeit höchstens Bekanntschaften. Beziehungen seien hier unpersönlich, und zwischen den Menschen bestehe eine »erzwungene Ferne«, die aber gerade dadurch »zur Distanz geadelt« werde. Der Umgang der Menschen in der Öffentlichkeit werde durch Diplomatie und Takt geregelt. Reserviertheit vermeide eine zu große Nähe zwischen den Menschen. Umgekehrt verhindere der Glaube an eine nicht vermittelte Beziehung zwischen Menschen Öffentlichkeit. Die Suche nach einer Schrankenlosigkeit im politischen Miteinander der Menschen komme letztlich einer Verneinung der Gesellschaft als solcher gleich und arte in völkisch oder internationalistisch verklärte Schrankenlosigkeit aus, also den beiden Formen des Totalitarismus, basierend einerseits auf der Liebes- und andererseits auf der Sachgemeinschaft. So ist auch der Untertitel der Grenzschrift »Eine Kritik des sozialen Radikalismus« zu verstehen.[29]

Als Voraussetzung für das Funktionieren von Gesellschaft beschreibt Plessner die Rolle, die jedes Individuum für sich definiert. Nur so könnten Menschen überhaupt in dauerhaftem Kontakt miteinander leben, hält er in einem der beiden Aufsätze fest, die er nochmals zum selben Thema 1960 verfasst. Der Mensch wird anthropologisch vor allem als Rollenträger definiert, und diese weder blutsgebundene noch traditionsgebundene Rolle bestimmt er selbst. Er wählt nach Plessner seine Rolle frei und bringt sie in der Öffentlichkeit ein, wobei er eine Maske trägt, die ihn davor schützt, vollumfänglich erkannt zu werden.

Entscheidend für das Gesellschaftsethos ist die ihm zugrundeliegende Individualisierung. Gesellschaft beruht für Plessner auf der Würde jedes einzelnen Individuums, die im Ethos des Gemeinschaftsdenkens der Gemeinschaftszugehörigkeit untergeordnet wird. So gesehen verunmöglicht das Gemeinschaftsethos die im ersten Kapitel erwähnte Mitberücksichtigung der individuellen Situation des Mitindividuums, weil die Individuen angesichts der Prädominanz ihrer Gruppenzugehörigkeit gewissermaßen miteinander verschmelzen. Plessners Gesellschaftsethos umschreibt die Bedingungen dafür, dass genau dies nicht passiert, indem er die Bedeutung von Rollen und Masken hervorhebt, die den Individuen immer einen privaten Rückzugsraum belassen, in dem sie von der Öffentlichkeit nicht erkannt werden.[30]

Plessners Begrifflichkeit in der Gegenüberstellung von Gemeinschaftsethos und Gesellschaftsethos ermöglicht eine Sicht, die nach wie vor Gültigkeit beanspruchen kann. Seine anthropologische Analyse des damaligen Verständnisses und insbesondere deren politischer Implikation ist heute noch oder heute wieder von Bedeutung, vor allem im Zusammenhang mit den Anforderungen an das Menschenbild in Europa, das sich konkret in der Weiterentwicklung der Europäischen Union bemerkbar macht.

Kann es gelingen, Recht und Politik auch auf der europäischen Ebene so aufeinander zu beziehen, dass Demokratie und Rechtsstaatlichkeit gewährleistet sind, auch wenn das Gefäß der Nation, in dem sich Demokratie entwickelt und in Europa schließlich durchgesetzt hat, auf der nationalstaatlichen Ebene zurückbleibt? Wer Demokratie dem Gemeinschaftsethos zuordnet, wird diese Frage eher negativ beantworten. Positiv kann sie nur im Zeichen des Gesellschaftsethos beantwortet werden. Zwar kann Gemeinschaft heute längst nicht mehr so verstanden werden, wie sie Tönnies definiert. Die Gegenüberstellung von Gemeinschafts- und Gesellschaftsethos, wie sie Plessner daraus ableitet, ist hingegen nach wie vor aktuell und insbesondere hilfreich für das Verständnis nationalistisch gefärbter EU-Feindlichkeit.

Die Entstehungsgeschichte der Europäischen Union gibt dem Gemeinschaftsbegriff eine Bedeutung, die zur allgemeinen Verwendung dieses Wortes hinzukommt, von der Europäischen Gemeinschaft für Kohle und Stahl über die Europäische Wirtschaftsgemeinschaft bis schließlich zur 1993 geschaffenen Europäischen Gemeinschaft. Auch wenn Letztere im Vertrag von Lissabon formell durch die Europäische Union abgelöst wurde, bezeichnet der Gemeinschaftsbegriff weiterhin die europäische Integration in Teilbereichen wie zum Beispiel als Rechtsgemeinschaft oder als Wertegemeinschaft.

Obschon die Tönnies'sche Gegenüberstellung von Gemeinschaft und Gesellschaft heute keinen Sinn mehr ergibt, ist fast hundert Jahre nach dem Erscheinen Plessners Schrift diese Gegenüberstellung in einer neueren Publikation zu Ursprung und Ziel der Europäischen Union wieder aufgegriffen worden. Der Gemeinschaftsgedanke wird anhand der Wirtschafts-, Rechts- und Werte- sowie der politischen Gemeinschaft durchdekliniert, um dann aber abschließend zu einer interessanten Feststellung zu kommen. Von Gemeinschaft könne man in der EU nur hinsichtlich des Rechts und der Wirtschaft sprechen. Im Übrigen und im Sinne der ursprünglichen Gegenüberstellung sei die Union viel weniger Gemeinschaft als Gesellschaft: ohne tiefe Bindung, zweckrational und ein Gebilde, in dem sich die Mitglieder gegenseitig als Fremde begegnen.[31]

Politisches Vertrauen unter Fremden

Schon in der Französischen Revolution spielte der Fremde eine Rolle. Er begegnete dem individuellen Staatsbürger als Mitindividuum, mit dessen Lebenssituation und Bedürfnissen er sich auseinanderzusetzen hatte, obwohl dessen Herkunft mit der eigenen nicht übereinstimmte und er insofern ein Fremder war. Für die Zeit der Nationalstaatenbildung ist dies im ersten Kapitel beschrieben worden. Auch auf der Ebene der Europäischen Union begegnen die individuellen Unionsbürger und Unionsbürgerinnen Fremden. Aber verglichen mit der damaligen Nationalstaatenbildung, kommen zwei Herausforderungen hinzu. Zum einen treffen heute Unionsbürger in ihrer Rolle als Marktbürger über die mitgliedstaatlichen Grenzen hinweg auf Menschen, die ihnen – verglichen mit ihren Mitbürgern im eigenen Staat – zunächst noch viel fremder sind. Allerdings können gerade solche persönlichen Kontakte über die Grenzen hinweg auch der Wahrnehmung anderer Lebensumstände von Mitindividuen förderlich sein. Zum anderen fehlt auf der EU-Ebene das Gefäß der Nation, die damals einer neuen Bedeutung zugeführt wurde. (Siehe S. 19 f.) Diese zweite Herausforderung betrifft Unionsbürgerinnen und Unionsbürger in ihrer Rolle als Citoyennes und Citoyens.

Was beim Entstehen demokratischer Nationalstaaten erprobt wurde, erhält durch die europäische Integration eine neue Dimension. Schon damals wurde eine »staatsbürgerliche Solidarität unter Fremden« notwendig, nachdem die Basis der gemeinsamen Herkunft weggefallen war. Aber der Bezugsrahmen des Nationalstaates hat diese Solidarität nach außen beschränkt, obwohl die noch heute geltende Französische Menschenrechtserklärung von 1789 ausdrücklich *»homme et citoyen«* erwähnt, also eine die nationalstaatliche Grenze überschreitende Komponente enthält. Das nach außen aggressive Verhalten vieler Nationalstaaten, weltweit im Kolonialismus und in Europa in den Kriegen des 20. Jahrhunderts kulminierend, ließ die nationalstaatlichen Grenzen erstarren und machte Fremde jenseits dieser Grenzen oft zu Feinden. Die neue Dimension, die durch die europäische Integration entstanden ist, wird nicht zu einem europäischen Volk führen. Europäerinnen und Europäer bleiben einander fremd, ihr Zusammenhalt beruht nicht auf Homogenität, Ähnlichkeit oder kultureller Nähe. Die neue Dimension besteht darin, dass Bürgerinnen und Bürger anderer Nationalstaaten zwar Fremde bleiben, aber in der Anerkennung dieser Fremdheit nicht mehr als Feinde, sondern als zu respektierende Andere gesehen werden.[32]

Aus dieser Anerkennung erwächst ein Vertrauen in den Erhalt und das Bewahren des Andersseins. Europäerinnen und Europäer können sich nicht nur darauf verlassen, dass sie auch jenseits der Grenzen ihres Herkunftslandes in ihrem Anderssein respektiert werden, sondern dass sie Fremde bleiben dürfen. Dieses Vertrauen hat sein Fundament im Grundwertekanon, den die Mitgliedstaaten durch ihre Unterschrift unter Artikel 2 des EU-Vertrags anerkannt haben. Die Anerkennung der Grundwerte durch die Mitgliedstaaten ist für den Zusammenhalt der Union von entscheidender Bedeutung, auch aufgrund des Verhältnisses zwischen Recht und Politik.[33]

Recht ist das grundlegende Element, das die Europäische Union zusammenhält. Um den beiden Grundprinzipien von Demokratie und Rechtsstaatlichkeit zu genügen, bedarf dieses EU-Recht der demokratischen Legitimation, die sich zu einem dualen Konzept entwickelt hat, wie es im ersten Kapitel beschrieben ist. (Siehe S. 35–37) Deshalb ist die Union nicht nur eine Rechtsunion, sondern sie ist auch ein politisches Projekt, das man analog als politische Union bezeichnen kann. Weil sich einer der beiden Legitimationsstränge aus nationaler Politik ableitet, muss sich der europäische Citoyen darauf verlassen können, dass die Prinzipien von Demokratie und Rechtsstaatlichkeit in allen Mitgliedstaaten eingehalten werden. Auch das ist eine Frage des gegenseitigen Vertrauens unter Fremden, und schon deshalb ist dieses transnationale Vertrauen eine für die europäische Integration unabdingbare Voraussetzung.[34]

So wird das Vertrauen in Fremde schließlich auch zu einem Systemvertrauen. Im Zusammenhang mit der Unionsbürgerschaft wurde darauf hingewiesen, dass und warum sich im dualen Legitimationskonzept nationale Demokratien auch in europäische Demokratien wandeln. (Siehe S. 36–38) Wenn es heute in einigen Mitgliedstaaten nicht mehr sicher ist, dass man an den Grundprinzipien von Demokratie und Rechtsstaatlichkeit festhalten will, so geht es auch um eine Infragestellung dieses Systemvertrauens. Diesbezüglich ist denn auch von »systemischen Defiziten« die Rede, worauf im Zusammenhang mit dem Schutz nationaler Identität zurückzukommen ist.

Dass die politische Entwicklung in anderen Mitgliedstaaten auch Rückwirkungen auf das eigene Systemvertrauen von Unionsbürgerinnen und -bürgern haben kann, ist nicht unerheblich. Zwar steht es den Einzelnen frei, sich für politische Belange zu interessieren oder eben nicht, auch hinsichtlich der politischen Belange im Staat, dessen Bürgerinnen oder Bürger sie sind. Dennoch dürfte es manchen Staatsbürgern in Portugal nicht völlig egal sein, wenn eine Mehrheit in Polen die eigene Verfassungsgerichtsbarkeit parteipolitisch zu unterwandern versucht. Und einer Staatsbürgerin in Tschechien dürfte es genauso wenig egal sein, wenn in der Bundesrepublik Deutschland eine Partei immer mehr Zulauf erhält, die sich in einem Programmentwurf zur »geordneten Auflösung der Europäischen Union« bekannt hat, auch wenn dieser Programmpunkt wieder zurückgenommen wurde. Das Interesse an der Politikentwicklung in anderen Mitgliedstaaten wächst nur langsam. Aber wahrscheinlich wächst es gerade aufgrund solcher Infragestellungen.[35]

Fremd bleiben dürfen und das Vertrauen in Fremde betreffen die europäische Bürgerschaft vor allem in der Rolle der Citoyens, und dies in zweifachem Sinne. Zum einen erwarten Citoyens, dass die ihnen fremden Mit-

Citoyens in den anderen Mitgliedstaaten die EU-Grundsätze hochhalten und im direkten Legitimationsstrang Repräsentanten wählen, die ihrerseits die Grundwerte der Union vertreten werden. Zum anderen erwarten sie von den ihnen fremden Mit-Citoyens, dass sie in den anderen Mitgliedstaaten die nationale Demokratie und damit den anderen, den nationalen Legitimationsstrang am Leben erhalten. Auch die Rolle des Marktbürgers ist betroffen, denn jedes Marktgeschehen bedarf eines rechtlichen Rahmens, und dieser entsteht aus Politik, die in der Europäischen Union eine demokratische sein muss. Die Rolle des Marktbürgers führt damit letztlich wieder auf die Citoyenne und den Citoyen zurück.

Bürgersouveränität

Vom souveränen Nationalstaat und von der Volkssouveränität, wie sie durch die Französische Revolution zur Losung erhoben wurde, war im ersten Kapitel die Rede. Der Begriff der Souveränität wird vor allem im dritten Kapitel nochmals im Zusammenhang mit der Wandlung des Nationalstaates zum Mitgliedstaat aufgegriffen. Was die anthropologischen Aspekte betrifft, auf denen das europäische Projekt basiert, ist jedoch ein anderer Begriff von Interesse, der über die vorgenannten Bedeutungen hinausgeht. Mit der Vorstellung der Bürgersouveränität wurde Souveränität direkt auf den Bürger übertragen. Sie betrifft sowohl die privaten Handlungen der Bürgerinnen und Bürger als auch ihre politische Mitwirkung, mit anderen Worten, sie betrifft ihre Rollen als Marktbürger und als Citoyen.[36]

Bürgersouveränität wird so definiert, dass der Einzelne selbst darüber bestimmt, was für ihn politisch ist und was privat. Dabei spiele es keine Rolle, ob sich politische Institutionen mit einer bestimmten Frage befassten oder nicht, ob also diese Frage in der Öffentlichkeit einen politischen Stellenwert habe. Dem Individuum wird gleichsam ein Widerstandswille eingeräumt, eine Eigensinnigkeit, also das Recht nicht nur auf Dissens in der Politik, sondern auch auf Abstinenz von der Politik. Die Bürgersouveränität garantiert der Bürgerin und dem Bürger private Freiräume, die sie unpolitisch ausgestalten können. Folgt man diesem Ansatz, so zeigt sich, dass die Rollen des Citoyen und des Marktbürgers als die beiden Seiten ein und derselben Medaille gesehen werden können, was sich für die Ebene der Europäischen Union als bedeutsam erweist.[37]

Einmal mehr geht es dabei um das Verhältnis zwischen Recht und Politik, das der Verfasstheit der Union zugrunde liegt. In der Entwicklung des europäischen Projektes stand zunächst der Marktbürger im Mittelpunkt, der später auch zum Citoyen wurde. (Siehe S. 32–37) Verschränkt man die beiden Unionsgrundsätze von Demokratie und Rechtsstaatlichkeit, so bedeutet dies genauso eine Verschränkung von Recht und Politik. Recht bedarf der politischen Legitimation, und Politik bedarf eines klaren rechtlichen Rahmens, wenn sie geordnet ablaufen soll, um das Recht mit politischer Legitimation zu versehen.[38]

Sowohl der Marktbürger als auch der Citoyen sind mit diesen Abläufen auf Unionsebene konfrontiert. Als Marktbürger erlebt das Individuum den Zugang zu anderen Mitgliedstaaten, in denen er fremd bleiben kann und dennoch rechtlich gleichgestellt ist, insoweit EU-Recht zur Anwendung kommt. Als Citoyen nimmt er über beide Legitimationsstränge an der Erzeugung von demokratischer Legitimation für dieses EU-Recht teil. Er hat also auch einen unmittelbaren oder mittelbaren Einfluss darauf, welches Recht, als EU-Recht, auch in fremden Ländern zu gelten hat. Ob dies dem Einzelnen bewusst ist oder nicht, ändert nichts an diesen Abläufen.

Ins Bewusstsein gelangen diese Abläufe über die Bürgersouveränität. Demnach entscheiden die Einzelnen individuell, ob sie sich in einem bestimmten Bereich als Marktbürger, als Citoyen oder in beiden Rollen sehen, mit anderen Worten, welchen Weg sie beschreiten wollen, den politischen, den privaten oder beide gleichzeitig. Ob sie als Marktbürger grenzüberschreitend tätig werden oder ob sie darauf verzichten – in beiden Fällen werden sie mit EU-Recht konfrontiert, im eigenen Herkunftsland dadurch, dass sie die Gleichbehandlung von Unionsbürgern aus anderen Herkunftsländern beobachten, in anderen Mitgliedstaaten dadurch, dass sie diese

Gleichbehandlung selbst erfahren. Vor allem die Inanspruchnahme der Grundfreiheiten im Rahmen des Binnenmarktes bewirkt auch in dem Marktbürger, der sich bewusst gegen eine Rolle als Citoyen entschieden hat, die Wahrnehmung der Union als Rechtsgemeinschaft, denn ohne EU-Recht wäre die grenzüberschreitende Aktivität schwieriger.

Persönliche Betroffenheit durch Recht – an das man sich zu halten hat, das einen schützt oder mit dem man unliebsame Erfahrungen macht – führt über kurz oder lang zur Fragestellung, woher dieses Recht eigentlich kommt und wer dafür verantwortlich ist. So verhält es sich auch bei der Betroffenheit durch EU-Recht. Die Inanspruchnahme der Grundfreiheiten des Binnenmarktes trägt zur Stärkung der Legitimation des EU-Rechts bei, die als individuelle bezeichnet werden kann, weil sie sich aus Handlungen des Einzelnen ergibt. Für das mitgliedstaatliche Recht versteht sich das von selbst. Für das EU-Recht erlangt es deshalb eine besondere Bedeutung, weil die Union ausschließlich durch das Recht zusammengehalten wird und durch den politischen Rahmen, aus dem es hervorgeht.[39]

So gesehen ruft der Marktbürger nicht nur nach Einfluss als Citoyen, sondern umgekehrt profitiert der Citoyen auch von der Erfahrung als Marktbürger, denn Letztere fördert die Identifikation mit dem europäischen Projekt in nicht zu unterschätzender Weise. Ohne eine solche Identifikation findet jegliches Recht nur beschränkte Akzeptanz bei denjenigen, die von diesem Recht betroffen sind. Zwischen den Rollen des Unionsbürgers als Marktteilnehmender und als Citoyen besteht somit ein Zusammenhang, den das bereits benutzte Bild von den zwei Seiten der Medaille gut illustriert. Die beiden Rollen sind nicht gleichzeitig sichtbar, und aufgrund der Bürgersouveränität können sie von den Einzelnen klar getrennt werden, falls sie das so wollen. Aber die beiden Rollen hängen praktisch zusammen. Ein dieser Vorstellung entsprechendes Menschenbild kann Ausgangspunkt für die Weiterentwicklung des europäischen Projektes sein, dessen Kerngedanke darin besteht, Recht und Politik so aufeinander zu beziehen, dass sie auch jenseits einer klar definierten Staatlichkeit und in einem übernationalen Rahmen dauerhaft Bestand haben können.[40]

Im Zusammenhang mit dem Gedanken der Bürgersouveränität sollte schließlich noch die Bürgerbeteiligung erwähnt werden. Nicht nur von EU-feindlichen populistischen Bewegungen wird der Ruf nach Bürgerbeteiligung lautstark erhoben. Auch gemäßigte Kräfte setzen auf vermehrte Institutionalisierung dieser Form politischer Mitwirkung. Bei vielen Referenden, die Europa in Erinnerung geblieben sind, handelt es sich um plebiszitäre Bürgerbeteiligungen. Eine solche wird durch die Entscheidung eines Präsidenten oder sonstigen Führers ausgelöst, und ihr Ausgang ist auch mit dessen Charisma verbunden, so besonders deutlich beim Referendum über den Brexit. Als Bürgerbeteiligung können Plebiszite kaum gelten. Echte Bürgerbeteiligung hat vielmehr eher Formen der direkten Demokratie vor Augen. Diese Verfahren unterscheiden sich diametral von Plebisziten, denn sie werden von unten ausgelöst, während das typische Merkmal von Plebisziten ihre Initiierung von oben darstellt. Eine Annäherung an direktdemokratische Formen bilden organisierte Bürgerdialoge, die nicht nur in Mitgliedstaaten, sondern auch in der EU selbst erprobt werden – so mit der Konferenz zur Zukunft Europas. Schließlich ist auf die Europäische Bürgerinitiative hinzuweisen, die durch den Vertrag von Lissabon eingeführt wurde und der Unionsbürgerschaft eine weitere Dimension verleiht.[41]

Sich wandelnde Menschenbilder in Europa

Menschenbilder entwickeln sich. Über Jahrhunderte, wenn nicht über Jahrtausende beruhte Staatsbildung auf Kriegen. Das schlug sich auch in dem Bild nieder, das man sich in Europa von der Natur des Menschen machte. Wie bereits erwähnt, war Kriegsvermeidung bei der Gründung der Europäischen Union und ihrer Vorgängerorganisationen das wichtigste Anliegen.

Der Generation derjenigen, die den Zweiten Weltkrieg noch erlebt haben, ist das bewusst. Es folgten in

Westeuropa eine oder zwei Generationen, die europäische Integration zunächst als Ausdruck prosperierender Wirtschaft, später vor allem als Freiheit des Binnenmarkts wahrgenommen haben, hinter dem das Anliegen der Kriegsvermeidung verblasste. Die EU-Erweiterungen nach der Implosion der Sowjetunion ließ verschiedene Generationen neu zu Unionsbürgerinnen und -bürgern werden, die sich von ihren westeuropäischen Mit-EU-Bürgerinnen dadurch unterschieden, dass sie die Erinnerung an die Jahre 1953 (Ostberlin), 1956 (Budapest) und 1968 (Prag) in sich trugen, als Aufstände durch Panzergewalt niedergeschlagen wurden.[42]

In den neunziger Jahren wurde Europa erneut mit Krieg konfrontiert. Die damalige Waffengewalt auf dem Balkan als Bürgerkrieg zu bezeichnen – wie es leider gelegentlich geschieht –, ist verfehlt. Ein Bürgerkrieg ist ein bewaffneter Konflikt innerhalb eines Staates. Hier ging es aber nicht darum, dass sich verschiedene Volksgruppen im früheren Staat Jugoslawien eine führende Rolle hätten erkämpfen wollen, sondern dieser Staat hatte sich bereits aufgelöst, und es waren verschiedene Nationalstaaten entstanden. Der Gewaltausbruch konnte erst danach geschehen; er war eine Folge davon, dass sich neue Nationalstaaten gebildet hatten, die Souveränität beanspruchten, und diese Staaten waren außerdem von EU-Mitgliedstaaten anerkannt worden. Die damaligen Kriege bildeten genau das Muster ab, das die Nationalstaatenbildung immer beherrscht hatte. Was Ostmitteleuropa nach der Auflösung der Sowjetunion zunächst gekennzeichnet hatte, nämlich die gewaltfreie Bildung neuer oder wiedererstandener Nationalstaaten, war dem Balkan nicht vergönnt. Hier dominierte das alte Muster der Bildung neuer Staaten durch Gewalt, ethnische Verfolgung nach innen und Grenzverschiebung nach außen.[43]

Das Menschenbild in Europa wurde durch die Wahrnehmung der damaligen Gräueltaten auf dem Balkan nicht erkennbar tangiert. Das ist vor allem darauf zurückzuführen, dass diese Kriege fälschlicherweise als Bürgerkriege wahrgenommen wurden. Einen anderen Hintergrund hatte die einige Jahre später erfolgte NATO-Intervention im heutigen Serbien aufgrund des Kosovokonflikts. Hier kam es erstmals zu einer sogenannten humanitären Intervention von außen, mit der sich unterschiedliche Interessen der Intervenierenden verbanden. Abgesehen von der Auseinandersetzung vor allem in der Bundesrepublik über die Teilnahme an diesem Krieg wurde das Menschenbild in Europa aber auch durch diese Geschehnisse eigentlich nicht verändert, ging doch das Hauptinteresse an der Intervention von den Vereinigten Staaten aus und stand mehr die Rolle der NATO im Vordergrund.[44]

Ganz anders war die Situation nach dem Einmarsch Russlands in der Ukraine im Februar 2022, der das Menschenbild in Europa nachhaltig beeinflusst. Einmal mehr sind die europäischen Staaten näher zusammengerückt, denn der Ursprung dieses Menschenbildes kam wieder ins Bewusstsein der Europäerinnen und Europäer. Bis Mitte des 20. Jahrhunderts galt es als unumgängliche geschichtliche Normalität, dass Nationalstaaten immer durch Gewalt entstehen. Auch die Existenz der Europäischen Union als Folge der Kriegstraumatisierung in der ersten Hälfte des 20. Jahrhunderts kann in einen Bezug zu dieser Regel gebracht werden. Die Integration hat diese bis dahin weltweit unumstößliche Regel erstmals durchbrochen, indem sich Nationalstaaten auf der Ebene der Freiwilligkeit und ohne Gewalt in ein übergeordnetes Gemeinwesen einbanden. Die Regel wurde, wie bereits erwähnt, ein zweites Mal durchbrochen, als nach der Auflösung der Sowjetunion ein Teil der gewaltfrei entstandenen neuen oder wiedererstandenen Nationalstaaten Aufnahme in die EU fanden. Mit dieser Durchbrechung der alten Normalität durch die Auflösung der Sowjetunion kann sich Russland offensichtlich nicht abfinden. Schon mit der 2014 erfolgten Annexion der Krim kehrte die alte Normalität zurück, was allerdings das Menschenbild in Europa noch nicht maßgeblich erschütterte.[45]

Nun führt der russische Überfall auf die Ukraine Europäerinnen und Europäern den alten Mechanismus von Krieg als Mittel zur Verschiebung von Staatsgrenzen und damit generell zur Nationalstaatenbildung wieder vor Augen. Menschenbilder entwickeln sich langsam und verblassen auch nur langsam. Aber es scheint darin eine Art der Langzeiterinnerung zu geben. Mit dem Wiederaufleben der alten Normalität der gewaltsamen Nationalstaatenbildung auf dem europäischen Kontinent gerät möglicherweise die Traumatisierung wieder ins Bewusstsein, die damals mit dieser Normalität brach und zur europäischen Integration führte. So gesehen stellt der Überfall auf die Ukraine auch die Europäische Union in ihrer Grundstruktur in Frage. Sowohl Freiwilligkeit als auch Gewaltfreiheit, die bei der Bildung eines übergeordneten Gemeinwesens durch europäische Nationalstaaten zum Tragen kommen, werden radikal verneint. Im europäischen Menschenbild löst der Krieg in der Ukraine möglicherweise Resonanzen aus, die sich erst im langfristigen historischen Zusammenhang erschließen.[46]

Heute wird Europäerinnen und Europäern wieder bewusst, dass Krieg die größte Bedrohung der Würde des Menschen ist, weil es im Krieg nur noch um die Frage geht, wer zu uns und wer zu den Anderen gehört, und weil die Letzteren nur als Feinde betrachtet werden. Sie werden nicht mehr als Menschen gesehen. Die Gräueltaten in der Ukraine machen deutlich, wohin die Schaffung von Feindbildern und das »Wir gegen die Anderen« letztlich führt; es artet in kollektive Gewalt aus, wie im ersten Kapitel beschrieben. (Siehe S. 22 f.)

In diesem Zusammenhang bringt der israelisch-amerikanische Rechtsphilosoph Joseph H. H. Weiler einen Aspekt des europäischen Menschenbildes auf den Punkt.

Er unterscheidet zwei Strategien des Umgangs mit dem Fremden. Die eine Strategie bestehe darin, Grenzen zu verschieben und dem Fremden zu sagen, »komm zu uns und sei einer von uns«. Das berge die Gefahr, dem Anderen seine Identität zu nehmen. Er muss so werden wie »wir«, damit er nicht mehr fremd ist. Die zweite Strategie belasse die Grenzen, anerkenne und respektiere den Unterschied und der Fremde bewahre seine Identität, wodurch seine Würde respektiert werde. Weiler sieht in dieser zweiten Strategie die entscheidende Grundlage des gegenseitigen Umgangs der verschiedenen Völker in der Europäischen Union. Schon in den Balkankriegen manifestierte sich der Hass auf die Anderen in entsetzlichen Gräueltaten. Jetzt zeigt er sich wieder in seiner ganzen Schärfe in der Ukraine. Angesichts dessen werden Europäerinnen und Europäer in ihrem Menschenbild bestätigt, das Europa durch die Gründung der Europäischen Union und ihrer Vorgängerorganisationen zu entwickeln begonnen hat.[47]

Distanz als Voraussetzung politischer Verständigung I

Das Menschenbild kann aber auch in einer anderen Dimension betrachtet werden, die ihre Anfänge in der Französischen Revolution hat und im ersten Kapitel beschrieben wird. Die persönliche Identität des Menschen löste sich damals von der Herkunft ab und brachte ihn in einen Austausch mit Menschen von anderer Herkunft, was zunächst einmal die Bereitschaft voraussetzte, die Lebensumstände Anderer, die mit den eigenen nicht übereinstimmten, überhaupt wahrzunehmen. (Siehe S. 29–31) Diese Bereitschaft wird grundsätzlich in Frage gestellt, wenn die Menschen in einem Gemeinschaftsethos miteinander »verschmelzen«. (Siehe S. 41–44) Diese Zusammenhänge sind von einiger Bedeutung, wenn es um den nationalistisch begründeten Fundamentalwiderstand gegen das europäische Projekt geht, wie er seit mehreren Jahren in verschiedenen Mitgliedstaaten zu beobachten ist.

Viele der Bewegungen und Parteien, welche die europäische Integration am liebsten rückgängig machen möchten, verlangten früher den Austritt ihres Landes aus der Europäischen Union. Nach der Erfahrung des Vereinigten Königreiches mit dem Brexit, der seinerseits ein Zusammenrücken der 27 verbleibenden Staaten zur Folge hatte, wurden solche Forderungen weitgehend fallengelassen. Stattdessen verlangt man, bei einem Verbleib die Union von innen zu schwächen. Das wird in den unterschiedlichsten Variationen erwogen. Gemeinsam ist all diesen Strömungen, dass sie die europäische Integration in dem Stadium, das sie heute erreicht hat, als Verrat an der kollektiven Identität der Menschen in der eigenen Nation betrachten. Der Widerstand setzt also bei genau dem Sachverhalt an, der die Europäische

Union in ihrer Grundstruktur ausmacht, nämlich bei der Ausweitung von Rechtsstaatlichkeit und Demokratie über den Nationalstaat hinaus.

Die europäische Integration verfolgt von Anfang an immer das Ziel, die Menschen davon abzuhalten, in ein national übersteigertes Wir zurückzufallen, das so häufig zu Kriegen geführt hat. Ein Rückfall ins nationale »Verschmelzen« zu einem Kollektivkörper soll vermieden werden. Wenn das Individuum mit seiner Gruppe verschmilzt, verschmilzt das Mitindividuum ebenfalls in der Gruppe und ist deshalb nicht mehr als einzelne Person zu erkennen. Die interne Entmenschlichung geht mit der externen Entmenschlichung einher, die allen Anderen in letzter Konsequenz ihre Würde als einzelne Menschen abspricht. Sie ist aber auch mit einem Würdeverlust derjenigen verbunden, die sich als dem Wir zugehörig betrachten, denn die Verschmelzung zur Gruppe entmenschlicht sie selbst ebenso. Interessant ist in diesem Zusammenhang die Feststellung, dass Gesellschaften, die heute als gespalten bezeichnet werden, nicht unter zu viel Diversität oder Differenzierung leiden, sondern umgekehrt unter zu wenig. Auch innerhalb des Nationalstaates bildet sich Regelvertrauen, also das Vertrauen in die Möglichkeit, gemeinsam mit »Fremden« Regeln erarbeiten zu können, nicht aufgrund von kollektiv vereinheitlichter Identität, sondern im Gegenteil aufgrund von multiplen Identitäten.[48]

Sowohl auf der Ebene der Mitgliedstaaten als auch

auf europäischer Ebene ist Distanz, wie sie im Zusammenhang mit dem Gesellschaftsethos beschrieben wird, eine unabdingbare Voraussetzung für politische Verständigung. Nur diese Distanz macht es möglich, die Lebensumstände anderer Personen wahrzunehmen, die mit den eigenen nicht übereinstimmen, auf diese Rücksicht zu nehmen und einen politischen Ausgleich zwischen ihnen und den eigenen zu finden. Bei dieser Einsicht hat schon die Methode Jean Monnets angesetzt, indem sie das Interesse von Bürgerinnen und Bürgern über die nationalstaatlichen Grenzen hinaus öffnet, zunächst jenes der Marktbürgerschaft, gefolgt von dem als Citoyennes und Citoyens. (Siehe S. 32 f.) Die Hoffnung besteht darin, dass die Erweiterung dieses Interesses der Einzelnen über die Grenzen der Mitgliedstaaten hinaus eine nationale »Wirverschmelzung« auf Dauer verunmögliche. Gesamteuropäisch wäre eine solche sowieso undenkbar. Schon die unterschiedlichen rechtlichen und politischen Kulturen der Mitgliedstaaten, auf die im dritten Kapitel eingegangen wird, würden dies verunmöglichen. Da gibt es keine romantischen Verschmelzungsfantasien, sondern vielmehr unpathetische Alltäglichkeit.[49]

Die Hoffnung besteht also in einer Rückwirkung der europaweiten Erfahrungen auf die nationale Befindlichkeit. Aus Sicht der Bürgersouveränität ist das Individuum frei, eine politische Identität zu leben oder sie abzulehnen. (Siehe S. 51) Die Frage stellt sich, was geschieht, wenn der oder die Einzelne politische Identität auf einer oberen Ebene als solche ablehnt und deshalb die politische Identität auf nationaler Ebene überhöht, um sie gegen die obere Ebene in Stellung zu bringen. Kann bei einem Einzelnen gegenüber der Union das Gemeinschaftsethos dominieren, das in eine Ablehnung der Mitunionsbürgerinnen und -bürger mündet, während er gleichzeitig auf der nationalen Ebene das Gesellschaftsethos pflegt, seine Mitstaatsbürger und -bürgerinnen also durchaus achtet und ihnen gegenüber deshalb die dafür nötige Distanz hält? Anthropologisch gesehen dürfte es schwierig sein, auf diesen beiden Ebenen verschiedenen Menschenbildern zu folgen, denn ein Menschenbild prägt die Einzelnen in ihrem gesamten Denken und Handeln. Vielmehr ist anzunehmen, dass die Ablehnung der Mitunionsbürgerinnen und Mitunionsbürger mit der Tendenz zu Ausgrenzungen auch auf nationaler Ebene einhergeht. So ist in EU-feindlichen Strömungen häufig auch eine Feindlichkeit gegenüber Mitbürgern oder Mitbewohnern des eigenen Staates aufgrund verschiedener Herkunftskriterien festzustellen. Im fünften Kapitel wird auch davon nochmals die Rede sein.

Die Rückwirkung der europaweiten Erfahrungen auf die nationale Befindlichkeit geht vor allem über die Einzelnen, die längst zu wichtigen Akteuren in der Entwicklung des europäischen Projektes geworden sind. Ihre Rolle könnte es auf Dauer erschweren, dass Individuen national zu einem Kollektivkörper verschmelzen. So führt die Frage des Menschenbilds, auf dem das europäische Projekt anthropologisch fußt, nochmals zurück auf die Doppelrolle der Bürgerinnen und Bürger als Marktbürgerinnen und Citoyens. Wenn sie realisieren, dass ihre Lebensverhältnisse in einer dieser Rollen oder allenfalls auch in beiden durch das Zusammenwirken ihres Staates mit den anderen teilsouveränen Mitgliedstaaten gesichert und geschützt werden, was überhaupt erst eingebunden in die Strukturen der Europäischen Union möglich ist, machen sie die Erfahrung, dass Sicherheit und Schutz nicht verbunden sein müssen mit einer kollektiven Identifikation. Das heißt, Rechtssicherheit und demokratische Einflussnahme auf das Zustandekommen dieser Sicherheit lassen sich auch außerhalb des Nationalstaats erreichen und ohne emotionale Nähe zu den anderen Menschen, die dadurch ebenfalls geschützt werden. Distanz ist im Fundament des europäischen Projektes ein Grundbaustein, der nicht wegbrechen kann. In den beiden folgenden Kapiteln wird dies unter verschiedenen Aspekten betrachtet.

3 Institutionelle Praxis

Im Folgenden werden die institutionellen und die anthropologischen Aspekte aufeinander bezogen. In der Geschichte des europäischen Projekts war dieser gegenseitige Bezug schon immer von Bedeutung. Die institutionelle Entwicklung hat sich auf das Menschenbild auf diesem Kontinent ausgewirkt, und umgekehrt haben sich die verschiedenen institutionellen Entwicklungsschritte wiederum daraus abgeleitet.

Vom Nationalstaat zum Mitgliedstaat

Die Mitgliedschaft in der Europäischen Union verändert den Nationalstaat nachhaltig: Er wird zum Mitgliedstaat. Auch wenn dem Beitritt verschiedene Anpassungsschritte vorangehen, ist die Veränderung nicht nur eine punktuelle, sondern es beginnt ein Prozess. Dieser setzt sich auch nach dem Beitritt immer weiter fort, das schon allein deshalb, weil sich die Union selbst in ständiger Entwicklung befindet. Durch den Beitritt verwandeln sich die nationalen Demokratien aufgrund der dualen demokratischen Legitimation von EU-Recht auch in europäische Demokratien. (Siehe S. 37 f.) Die Veränderungen gehen aber weit über diesen Aspekt hinaus. Noch 2019 wird in der Einleitung eines Tagungsbandes zur Bedeutung von Narrativen bei der Neuerfindung Europas bedauert, dass als Vergleichsfolie für die Europäische Union immer wieder der Nationalstaat genannt werde, obwohl seit der Unterzeichnung der römischen Verträge 1957 nur noch von Mitgliedstaaten gesprochen werden könne.[50]

Ein Mitgliedstaat teilt seine Souveränität mit der Europäischen Union. Am häufigsten wird dieses Modell als »Föderation« beschrieben, worunter eine politische Gemeinschaft verstanden wird, die sich ihrerseits aus politischen Gemeinschaften zusammensetzt. In die traditionelle Gegenüberstellung von Staatenbund und Bundesstaat lässt sich die Europäische Union nicht einfügen. Sie ist eine dritte Form, indem auf demselben Territorium zwei politische Gemeinschaften existieren, nämlich auf einer oberen Ebene die Union als Föderation und auf einer unteren Ebene der konkrete föderierte Mitgliedstaat. Die Mitgliedstaaten sind gleichberechtigt, und die beiden Ebenen gelten als gleichwertig. Die Gleichwertigkeit der Mitgliedstaaten zeigt sich unter anderem darin, dass jeder Mitgliedstaat je eine Vertreterin oder einen Vertreter in den Rat der Minister, in den Europäischen Rat der Staats- und Regierungschefs, in die Kommission und in den EuGH entsendet.[51]

Sowohl im Staatenbund als auch im Bundesstaat ist klar geregelt, wo die Souveränität liegt, nämlich im ersten Fall auf der unteren Ebene beim Nationalstaat und im zweiten auf der oberen Ebene beim Bundesstaat. Die Europäische Union hat sich als föderale Ordnung aus diesem Souveränitätsdenken herausgelöst und teilt Kompetenzen immer wieder neu zwischen den beiden Ebenen auf. Es gibt in der EU kein Organ, das in letzter Instanz darüber entscheiden kann, wo die Souveränität anzusiedeln ist.

Natürlich regelt der EU-Vertrag die Kompetenzen der verschiedenen Organe im Detail. Wenn eine Kompetenz definitiv von den Mitgliedstaaten auf die Union übertragen werden soll, muss dies in den EU-Verträgen niedergeschrieben und von allen Mitgliedstaaten unterzeichnet werden. Dennoch bleibt die Souveränitätsfrage immer in der Schwebe. Sie bleibt letztlich unbeantwortet und befindet sich in einem permanenten politischen Aushandlungsprozess, nicht nur zwischen den beiden Ebenen, sondern auch unter den Mitgliedstaaten als solchen, wenn sie sich darüber einig werden wollen, ob eine Kompetenz an die EU übergehen soll. Alle diese Vorgänge tragen maßgeblich zur Europäisierung der nationalen Politik bei.[52]

Ein Beitritt zur Union löst Bewegung in drei Richtungen aus. Zum einen nimmt der Mitgliedstaat Einfluss auf die obere Ebene, einerseits als Staat und andererseits über die direkte Mitwirkung seiner Staatsangehörigen in den verschiedenen Verfahren gemäß dem dualen Legitimationskonzept. (Siehe S. 35–37) Hinzu kommt die horizontale Absprache unter den Mitgliedstaaten, die in der Öffentlichkeit vor allem dann wahrgenommen wird, wenn sie der Mehrheitsbeschaffung im Ministerrat oder dem Erreichen der notwendigen Einstimmigkeit im Europäischen Rat dient. Auch die horizontale Vernetzung der Unionsbürgerinnen und Unionsbürger über mitgliedstaatliche Grenzen hinweg ist zu erwähnen. Einerseits geschieht sie über den direkten Legitimationsstrang vor allem im Europäischen Parlament. Darüber hinaus findet sie in den unzähligen gesamteuropäischen Organisationen statt.[53]

Schließlich erfordert der Vollzug des EU-Rechts durch die Mitgliedstaaten Anpassungen der nationalen Rechtsordnung, wobei die Staaten in ihrer Organisation relativ frei bleiben; sie müssen nur gewisse Garantien erfüllen, so zum Beispiel die Wahrung der Grundrechte oder den Grundsatz der Nichtdiskriminierung von Personen mit Herkunft aus anderen Mitgliedstaaten. Auch muss der Vollzug von EU-Recht innerhalb einer nützlichen Frist erfolgen und wirksam sein.

Auch wenn sie diesen Anforderungen Rechnung tragen, können die Rechtskulturen in den Mitgliedstaaten sehr unterschiedlich sein. In der Vielfalt dieser Rechtskulturen, die von der Union respektiert werden, zeigen sich die unterschiedlichen Wege, die von den Mitgliedstaaten beschritten werden, um die Kompatibilität des nationalen Rechts mit dem Europarecht zu erreichen. Dabei erfährt die Rechtsordnung als solche eine Veränderung, indem zum nationalen Recht und zum Völkerrecht, auf das auch noch eingegangen wird, als drittes das Europarecht hinzukommt.[54]

Das Zusammenwirken von Europarecht und nationalem Recht weist den Gerichten eine besondere Rolle zu. Der Europäische Gerichtshof garantiert die einheitliche Auslegung des Europarechts in allen Mitgliedstaaten. Bei der Auslegung des EU-Rechts kommt den nationalen Gerichten jedoch eine mindestens ebenso wichtige Rolle zu, insbesondere durch die transnationale Vernetzung der höchsten nationalen Gerichte, worauf im Folgenden näher eingegangen wird.

Im Übergang vom Nationalstaat zum Mitgliedstaat kommt dem Transnationalen eine besondere Bedeutung zu. Europarecht hat fraglos supranationale Qualität, kommt aber in einem transnationalen Verfahren zustande. Man könnte sagen, dass der Übergang vom Nationalstaat zum Mitgliedstaat politisch von einer nationalen zu einer transnationalen Verfasstheit führt. Supranational ist die rechtliche Bezeichnung für eine höhere Ebene auf einer vertikalen Achse und umschreibt die Qualität von Europarecht. Supranational sind auch drei Organe der Union, das Europäische Parlament, die Europäische

Kommission und der Europäische Gerichtshof. Transnational bezieht sich auf die horizontale Achse, auf der sich die Mitgliedstaaten mit den anderen Mitgliedstaaten verbinden. Europarecht ist supranational, weil es auf der oberen Ebene dieselbe Form und dieselbe Funktion aufweist wie das Recht auf nationaler Ebene. Für die politische Verfasstheit der Union wäre dies aber eine problematische Bezeichnung. Mit der Europäischen Union ist politisch etwas völlig Neuartiges geschaffen worden, ein transnationales Gemeinwesen. Würde man dieses Gemeinwesen als supranational bezeichnen, deutete man an, es gäbe auf der oberen Ebene politisch etwas Analoges zum Nationalstaat, was nicht der Fall ist.[55]

Mit dem Brexit ist in Europa bewusst geworden, dass es auch den Weg vom Mitgliedstaat zum Nationalstaat gibt, also aus Sicht der EU zum Drittstaat, und dass die Mitgliedschaft in der Union auf Freiwilligkeit beruht. Offensichtlich hat der Brexit zu einem näheren Zusammenrücken der verbleibenden Mitgliedstaaten geführt. Verschiedenen Akteuren ist da erst bewusst geworden, wie weit sich die Verfasstheit ihrer Staaten bereits von einer nationalen zu einer transnationalen Perspektive gewandelt hat. Das wurde auch ambivalenter umschrieben: Es ist so, als wüssten die Mitgliedstaaten, »dass sie auf die Integration angewiesen sind, ohne sich auf dieses Wissen einlassen zu wollen«.[56]

Die Achtung nationaler Identität

Nachdem schon die Verträge von Maastricht und Amsterdam die Achtung der nationalen Identität der Mitgliedstaaten erwähnt hatten, schuf 2009 der Vertrag von Lissabon mit Artikel 4 Absatz 2 dafür eine neue normative Grundlage. Der Schutz der nationalen Identität wird jedoch auf den Ausdruck der grundlegenden politischen und verfassungsmäßigen Strukturen eingegrenzt, und es wird von der Achtung der nationalen Verfassungsidentität gesprochen. Diese Präzisierung erlaubt vor allem die Abgrenzung von der kulturellen Identität. Schon in der Präambel des EU-Vertrags werden die Geschichte, die Kultur und die Traditionen der Völker der Mitgliedstaaten erwähnt, die es zu stärken und zu achten gelte. Artikel 3 Absatz 3 umschreibt als eines der Ziele der Union, dass sie den Reichtum der kulturellen und sprachlichen Vielfalt der Mitgliedstaaten wahre. Im Bereich der kulturellen Identität sind die Mitgliedstaaten also autonom. Dass ihnen die Verfassungsidentität ausdrücklich garantiert werden muss, liegt an der herausragenden Rolle des Rechts für den Zusammenhalt der Union. Für dieses Recht ist die Identitätsklausel von großer Bedeutung, denn sie öffnet das EU-Recht auch für das nationale Verfassungsrecht.[57]

Die nationale Verfassungsidentität bildet ein Gegengewicht zum Vorrang des Unionsrechtes gegenüber dem nationalen Recht. Der EuGH muss sich auf die Verfassungsordnung der Mitgliedstaaten einlassen und die Argumente der mitgliedstaatlichen Vertreterinnen und Vertreter abwägen. Die Grenzen dieser Abwägung sind ihm aber von den Mitgliedstaaten selbst gesetzt worden, nämlich in den Grundwerten der Union, wie sie in Artikel 2 des EU-Vertrags umschrieben werden. Diese Werte können durch die Verfassungsidentität eines Mitgliedstaates nicht ausgehebelt werden. Es genügt nicht, dass sich ein Mitgliedstaat nur auf Tradition beruft. Wie bereits erwähnt, werden jedoch in einzelnen Mitgliedstaaten die in der Union vereinbarten Grundwerte in Frage gestellt, und dies geschieht regelmäßig unter Berufung auf nationale Identität. Auf unterschiedlichen Wegen wird versucht, die Grundwerte gemäß Artikel 2 EU-Vertrag gegen solche Angriffe zu verteidigen. Dabei geht es auch darum, die Unionsbürger zu schützen, deren Grundrechte in diesen Mitgliedstaaten in Gefahr geraten können.[58]

Der Mechanismus aufgrund von Artikel 4 Absatz 2 EU-Vertrag ist umso bedeutsamer, als der Vollzug des EU-Rechts grundsätzlich Aufgabe der Mitgliedstaaten ist und dies in Anwendung auch von nationalem Verfahrensrecht. Die Garantie der Achtung nationaler Verfassungsidentität bezieht sich vor allem auf Bereiche, die mit dem Gewaltmonopol verbunden sind, denn dieses bleibt bei den Mitgliedstaaten.

Im Konfliktfall zwischen nationalem und Unionsrecht entscheiden zunächst die Verfassungsgerichte der verschiedenen Stufen. Die Auslegung nationalen Rechts nehmen nationale Höchstgerichte vor, die Auslegung des EU-Rechtes ist Sache des EuGH. Dabei gibt es keine vertikale Hierarchie zwischen diesen Ebenen. Im horizontalen Verhältnis sind die nationalen Gerichte gehalten, die Rechtsprechung der Höchstgerichte anderer Mitgliedstaaten in ihre Abwägungen miteinzubeziehen. Dies gilt auch für die mitgliedstaatlichen Verwaltungsstellen, die damit befasst sind, EU-Recht zu vollziehen. Deshalb wird von der Orientierungskraft gesprochen, die von der Auslegung des EU-Rechts auf nationaler Ebene ausgeht und auf die Ebene der Union einwirkt. Diese Orientierungskraft werde »umso stärker, je mehr die betreffende Auslegung Ergebnis effektiver Kooperation der zuständigen mitgliedstaatlichen Stellen ist und damit eine allgemeine Auffassung im europäischen Verfassungsnetzwerk widerspiegelt«.[59]

Im Zusammenhang mit dem Menschenbild wurde auf Joseph H.H. Weiler verwiesen. Die Achtung nationaler Verfassungsidentität hält er für einen zentralen Gedanken der europäischen Integration. Die nationalstaatliche Form der demokratischen Identifikation, die auf einem einheitlichen Volk beruht, bezeichnet er als »konstitutionellen Fetischismus«, der in der EU ersetzt werde durch »konstitutionelle Toleranz«. Bürgerinnen und Bürgern würde nicht mehr befohlen, etwas zu befolgen, weil die Mehrheit des einheitlichen Volkes so entschieden habe, sondern sie würden eingeladen, zu akzeptieren, was sich aus dem freiwilligen Zusammenwirken verschiedener Völker ergeben habe.[60]

Aufgrund der Garantie nationaler Verfassungsidentität gehen die Resultate dieses Prozesses aus unterschiedlichen Rechtskulturen hervor. Auf die Vielfalt der Rechtskulturen in den Mitgliedstaaten, die einen großen Reichtum der Europäischen Union darstellt und von ihr geschützt wird, wurde hingewiesen. Es gibt ganz unterschiedliche Wege, die Werte von Artikel 2 EU-Vertrag institutionell umzusetzen. Der Fächer der in der Union vertretenen Staatsformen und Regierungssysteme ist breit und reicht von konstitutioneller Monarchie über Präsidialsysteme bis zur Republik. Die Unterschiede der Rechtskulturen sind zum Teil darauf zurückzuführen, haben aber auch andere historische Wurzeln. Schon unter den Gründungsstaaten sind die Unterschiede beträchtlich, was ein Vergleich zwischen Deutschland und Frankreich zeigt, worauf noch näher eingegangen wird.[61]

Über die Identitätsfrage werden die Ebenen sowohl vertikal als auch horizontal, also transnational miteinander verknüpft. Zwar wird betont, dass primärer Ort der Identitätsdebatte der Ministerrat sei, allenfalls der Europäische Rat. Dennoch kommt dem Dialog der Gerichte eine wichtige Rolle zu, denn nur dort kann diese Verknüpfung mit der notwendigen Sorgfalt und gegenseitiger Rücksichtnahme stattfinden.[62]

Die besondere Rolle der Gerichte ergibt sich daraus, dass der Zusammenhalt der Union ausschließlich auf Recht beruht. Zwar bricht EU-Recht nicht grundsätzlich bereits schon die Geltung von nationalem Recht, wie es in einem Bundesstaat die Regel wäre. Erst im konkreten Fall kommt der Vorrang des EU-Rechtes als sogenannter Anwendungsvorrang ins Spiel, was aber einen der entscheidenden Unterschiede zu einem Staatenbund ausmacht und damit die Einmaligkeit des europäischen Projektes mitbegründet. Die Diskussion um Verfassungsidentität leistet ihren Beitrag, indem einerseits die nationalen Gerichte horizontal dort eine Angleichung suchen, wo sie ihnen möglich erscheint, und indem sich andererseits der EuGH von der Diskussion zwischen den mitgliedstaatlichen Gerichten leiten lässt. So entsteht eine Angleichung im Verständnis von verfassungsrechtlichen Begriffen, die sich auch auf die europäische Verfassungsebene erstreckt. Aus diesem Grund wird die EU auch als »weltweit einzigartiges Verfassungslabor« bezeichnet.[63]

Recht und Politik, Berlin und Paris

Für die Zeit der Europäischen Union vor dem Brexit sind in origineller Weise drei Hauptströmungen ausgemacht worden: Die Deutschen hätten den Respekt gegenüber den Gesetzen eingebracht, die Franzosen den Wunsch nach dem Drama, und die Briten hätten verwundert zugesehen, wie Europa als Club die Einhaltung von Regeln befürworte, diese aber immer wieder ändere. Diese Umschreibung bezieht sich auf die drei großen Akteure von damals in der Union; inzwischen sind es zwei. Die erwähnte britische Verwunderung dürfte also inzwischen wegfallen – oder richtet sich heute vielleicht auf die Folgen des Brexits im eigenen Land.[64]

Die verbliebenen Akteure Frankreich und Deutschland sind immer wieder als Motor der europäischen Integration bezeichnet worden, und regelmäßig wenden sich die Medien der Frage zu, wie gut dieser Motor funktioniere. Vordergründig werden die Unterschiede gerne auf die deutsche Bundesstaatlichkeit und den französischen Zentralismus bezogen. Im Zusammenhang mit der hier thematisierten politischen Kultur in der Europäischen Union spielt vor allem das Verständnis von Recht und dessen tatsächliche Autorität im sozialen Zusammenleben eine Rolle. Diesbezüglich gibt es einen nicht zu unterschätzenden Unterschied. Deutschland ist geprägt von einer starken Einbindung der Politik durch das Recht. In Frankreich hingegen soll das Recht der Politik Ziele vorgeben und die Politik nicht von vornherein einbinden.[65]

Auch in der deutschen Europarechtswissenschaft wird beklagt, dass es im eigenen Land ein immer noch weitverbreitetes Bemühen gebe, das Recht vom Politischen fernzuhalten. Konkret scheint man in der Bundesrepublik insbesondere mit der immer in der Schwebe gehaltenen Kompetenzordnung Mühe zu haben. Verbreitet sei immer noch die Vorstellung, die Kompetenzen der verschiedenen Ebenen könnten rechtlich endgültig definiert werden, sodass eine gerichtliche Überprüfung möglich sei.[66]

Die Gegenposition kann nicht in der Forderung nach einer umgekehrten Rangordnung zwischen Recht und Politik bestehen, wird doch der entscheidende zivilisatorische Fortschritt der europäischen Integration als Herrschaft des Rechts in den Beziehungen zwischen den europäischen Staaten beschrieben: »Wo früher Generationen auf die Schlachtfelder geschickt wurden, ringen heute bis zum Morgengrauen Staats- und Regierungschefs in fensterlosen Konferenzräumen bei Kunstlicht miteinander, müssen Staaten sich vor dem EuGH oder der Kommission rechtfertigen, Regierungen und Regierungschefs im Europäischen Parlament Rede und Antwort stehen.«[67]

Aber Recht kann nur aus politischer Auseinandersetzung hervorgehen, sonst verfügt es über keine demokratische Legitimation. Wie sich diese Legitimation in der Union Schritt für Schritt entwickelt und zwei Stränge ausgebildet hat, wird im ersten Kapitel beschrieben. (Siehe S. 35–37) Die Vorstellung, die Frankreich zugeordnet werden kann, dass nämlich Politik das Recht immer wieder in Frage stellen soll, dass also Recht immer veränderbar bleiben muss, bildet heute gleichsam das Gegengewicht zur deutschen Sicht. Einig ist man sich aber, dass Recht und Politik nicht gegeneinandergestellt werden können, sondern dass es um die wechselseitige Beeinflussung geht.[68]

Dass auch politische Abläufe in rechtliche Regelungen eingebunden sein müssen, wird in Frankreich kaum bestritten. Aber Recht ist weder »ein Gefäß zur Aufbewahrung politisierbarer Mythen«, wie es nach französischer Manier missverstanden werden könnte, noch ist es nach deutscher Manier »ein Instrument zur Neutralisierung des Politischen«. Vom deutschen Rechts- und Politikwissenschaftler Ulrich K. Preuß stammt eine anspruchsvolle Umschreibung, die aber als Zusammenführung beider Sichtweisen verstanden werden kann: »Das Recht ist ein institutionalisierter Modus gesellschaftlicher Rationalität, durch den das Potenzial gesellschaftlicher Energien aktualisiert und produktiv gemacht wird. Daraus resultiert seine Nähe zu den Kräften des Politischen.«[69]

Auf einen weiteren Unterschied zwischen den beiden Gründerstaaten wird bezüglich ihrer Sicht der Rolle des Europäischen Rats hingewiesen. In der Union haben verschiedene Krisensituationen im Lauf der vergangenen Jahre zu einem großen Machtzuwachs der Versammlung der Staats- und Regierungschefs geführt. Betrachtet man die EU als eine Art Präsidialsystem mit dem Europäischen Rat gewissermaßen als kollektivem Präsidenten, wird man sich auf der Suche nach einer Gegenmacht zu diesem Gremium eher an Frankreich orientieren müssen, ein Staat mit ausgeprägten präsidentiellen Zügen. Aus der parlamentarischen Demokratie nach dem deutschen Modell kann in dieser Hinsicht wenig abgeleitet werden. Die verschiedenen Regierungssysteme werden im vierten Kapitel im Zusammenhang mit ihrer Bedeutung für die Weiterentwicklung der Europäischen Union nochmals eine Rolle spielen.[70]

Unterschiede zwischen Paris und Berlin kommen auch bei der Rechtsstaatlichkeit zum Ausdruck, dem État de droit. Die beiden Begriffe werden unterschiedlich interpretiert. État de droit geht auf die demokratischen Ideale der Französischen Revolution und die Verwirklichung des Volkswillens in Verfassung und Gesetzgebung zurück. In Deutschland hingegen entstand Staatlichkeit zunächst ohne Demokratie, nachdem die Revolution von 1848 gescheitert war. So wurde Rechtsstaatlichkeit zum Demokratieersatz, und es entstand ein System gerichtlicher Kontrolle, die den einzelnen Bürger vor Eingriffen des Staates in seine Rechte schützen sollte.[71]

Ein solcher Schutz durch gerichtliche Überprüfung war dem französischen État de droit zunächst fremd und hat sich erst im Lauf der Jahrzehnte entwickelt. Eine Vorrangstellung des Conseil constitutionnel in der Art, wie sie das deutsche Bundesverfassungsgericht einnimmt, wäre aber in Frankreich bis heute undenkbar, denn Priorität hat die Gesetzgebung, die durch die Wahlen zum Parlament auf den Volkswillen zurückgeht. Die im deutschen Parlament gängige Drohung der unterlegenen Minderheit mit Klage in Karlsruhe ist dem französischen Verständnis nicht vertraut, auch wenn der Conseil constitutionnel seine Befugnisse in den letzten Jahrzehnten ausweiten konnte. Entsprechend wurde zum unterschiedlichen Verständnis in den beiden Staaten eine zugespitzte Formulierung geprägt: »Vor den deutschen Verwaltungsgerichten verteidigt der *bourgeois* sein individuelles Recht, vor den französischen dient der *citoyen* der demokratischen Rechtsordnung.«[72]

Die historischen Wurzeln der unterschiedlichen Betrachtungsweise des Verhältnisses von Recht und Politik in den beiden Gründerstaaten sind bereits erwähnt worden. Für Frankreich ist die Analyse von Jakob Burckhardt über das »Ändern dürfen und Ändern wollen« als Folge der Revolution sinnbildlich. (Siehe S. 30 f.) In Deutschland ist die Erfahrung des Scheiterns der Weimarer Republik und der daraus hervorgegangenen Diktatur prägend, in der Recht nur noch dazu diente, die politische Zielsetzung des Naziregimes durchzusetzen, der Politik also völlig unterworfen worden war. Politische Kultur in der Europäischen Union besteht auch darin, dass bei aller Unterschiedlichkeit die Erfahrungen anderer Mitgliedstaaten ernst genommen und mitberücksichtigt werden. Die verschiedenen Prägungen sollen keineswegs verschwinden, sondern sie sind es, die den Reichtum der europäischen Rechtskultur ausmachen.[73]

Die Unterschiede in den Rechtskulturen gehen weit über Deutschland und Frankreich hinaus. Dennoch ist der Vergleich zwischen diesen beiden Gründerstaaten von besonderer Bedeutung, gerade für die Weiterentwicklung der Union. Das Zusammenwirken der beiden Staaten ist nicht nur aufgrund ihrer unterschiedlichen Rechts- und Staatskultur notwendig, sondern es ergibt sich schon daraus, dass die beiden kontinentaleuropäischen Erzfeinde über Jahrhunderte gegeneinander Krieg führten. Die europäische Integration hat diesen Zustand definitiv beendet, und es ist daraus eine Friedensinitiative entstanden. Die Erweiterung der Union insbesondere um zahlreiche ostmitteleuropäische Staaten integrierte auch neue und andere Rechtskulturen in die bereits breite westeuropäische Palette. Darauf geht das vierte Kapitel ein.

Der Entstehungsgrund der Union als Friedensprojekt wirkt bis heute. Die deutsch-französische Freundschaft wird nicht umsonst immer wieder betont, denn sie bildet die Basis der europäischen Integration. Eine deutsch-französische Arbeitsgruppe von zwölf Sachverständigen hat 2023 im Auftrag der Europa-Staatssekretärin Frankreichs und der deutschen Europa-Staatsministerin einen Bericht zur Reform der EU erarbeitet. Dass die Initiative von diesen beiden Mitgliedstaaten ausgegangen ist, zeigt die Bedeutung, die dem deutsch-französischen Motor für die Union nach wie vor zukommt.[74]

Schlüsselbegriff Unionsbürgerschaft

Der erwähnte Machtzuwachs des Europäischen Rates aufgrund vergangener Krisensituationen in der Union stößt auf Kritik. Einige sehen darin eine Störung des institutionellen Gleichgewichts. Bei diesem geht es um den Einfluss der verschiedenen Organe auf die Entstehung von Europarecht und auf andere politische Entscheidungen. Was das Europarecht anbelangt, steht der EU-Kommission das alleinige Vorschlagsrecht zu. Ministerrat und Parlament wirken als Co-Gesetzgeber im Erlass des Rechts zusammen und setzen damit die beiden Legitimationsstränge des dualen Konzeptes um. Und schließlich hat der EuGH das letzte Wort in der Auslegung des Rechts. Die Abläufe folgen der supranationalen Methode.

Wenn nun die Staats- und Regierungschefs demgegenüber in Anwendung der intergouvernementalen Methode in Krisensituationen Zielvereinbarungen treffen und die Fachministerräte anweisen, die Dinge entsprechend zu regeln, bedeutet das eine Umgehung des Europäischen Parlamentes. Zwar haben die nationalen Parlamente die Möglichkeit, über den mitgliedstaatlichen Legitimationsstrang korrigierend einzugreifen. Der Lissabon-Vertrag räumt ihnen das Recht zur Subsidiaritätskontrolle ein, womit ihr Freiraum gegenüber einer EU-Gesetzgebung geschützt werden soll, wenn sie diese als zu ausgreifend betrachten. Die Kontrolle ist aber eine nachträgliche, vergleichbar mit der Kompetenz von nationalen Parlamenten beim Abschluss völkerrechtlicher Verträge; es kann nur noch zugestimmt oder abgelehnt werden, eine Mitwirkung an der inhaltlichen Ausgestaltung ist nicht mehr möglich. In Krisensituationen, wie sie jeweils zum Machtzuwachs des Europäischen Rates führen, kann eine solche Kontrolle ohnehin nicht wirksam werden, weil Krisen immer durch großen Zeitdruck gekennzeichnet sind.[75]

Vor diesem Hintergrund gewinnt die Unionsbürgerschaft eine besondere Bedeutung. Indem sie gleichwertig neben die Staatsbürgerschaft der Individuen tritt, spiegelt sie gewissermaßen die Gleichwertigkeit der beiden Stränge der demokratischen Legitimation wider. Schon der Marktbürger wurde zunächst durch die Rechtsprechung des EuGH zum selbständigen Akteur in der Verwirklichung des Binnenmarktes erhoben, indem Europarecht einerseits als direkt anwendbar erklärt und andererseits mit dem Anwendungsvorrang versehen wurde. Später erweiterte der EuGH die Unionsbürgerschaft über die Grundfreiheiten des Binnenmarktes hinaus. Er stellte im Sinne der Präambel der Grundrechtecharta den Menschen in den Mittelpunkt und gewährte jedem Unionsbürger und jeder Unionsbürgerin einen persönlichen Status politischer Zugehörigkeit. Einerseits wird krisenbedingt die Gemeinschaftsmethode gelegentlich durch die intergouvernementale Methode bedrängt, indem das Parlament umgangen wird und der Europäische Rat selbst agiert. Andererseits und als

Gegengewicht dazu schützt die europarechtlich verankerte Unionsbürgerschaft die Individuen immer stärker vor Einschränkungen, die aus der Anwendung mitgliedstaatlichen Rechts abgeleitet werden; und das eigenständige Agieren des Europäischen Rates basiert klar auf mitgliedstaatlichem Recht. Das liegt daran, dass dem Individuum in seiner Identität als Staatsbürger unter Umständen seine Identität als Unionsbürger zu Hilfe kommen kann.[76]

Die wichtige Rolle des EuGH in der Erweiterung der Bedeutung der Unionsbürgerschaft ist auf die sechziger Jahre zurückzuführen, als die positive Integration nur langsam vorankam. Unter dem Begriff der positiven Integration wird die Vereinheitlichung der europäischen Gesetzgebung durch den europäischen Gesetzgeber verstanden. Sie ist nur möglich, weil die Union dafür über eine Kompetenz verfügt, die ihr von den Mitgliedstaaten eingeräumt wird. Demgegenüber bedeutet negative Integration, dass sich Unionsbürger wegen Diskriminierung an die Gerichte wenden und in letzter Instanz ein Urteil des EuGH erwirken können. Entscheidet dieser, dass ein Unionsbürger oder eine Unionsbürgerin in einem Mitgliedstaat, dessen Staatsangehörigkeit er oder sie nicht besitzt, zu Unrecht anders als die dortigen Staatsangehörigen behandelt wurde, gilt ein solches Urteil in allen Mitgliedstaaten und bewirkt in dieser Sachfrage ebenfalls eine Vereinheitlichung. Die negative Integration war gewissermaßen die Antwort des EuGH auf die Integrationsschwierigkeiten in den sechziger Jahren. Heute steht längst wieder die positive Integration im Vordergrund, und dies aufgrund einer breiten Palette von Kompetenzen der EU.[77]

Ungeachtet dessen, ob sich die Einzelnen im Mitgliedstaat vorwiegend als Marktbürger, als Citoyens oder als beides gleichermaßen betrachten, wird die Situation der Individuen durch die Mitgliedschaft in der Union praktisch vor allem in der abnehmenden Bedeutung von Grenzen erfahrbar. Von der Grenzenlosigkeit des Binnenmarktes und den Grundfreiheiten profitiert zunächst der Marktbürger. Er ist dem EU-Recht unterstellt, ist aber auch durch die EU-Grundrechte geschützt. Als Citoyen nimmt er Einfluss auf das EU-Recht und versieht dieses mit demokratischer Legitimation. Citoyennes und Citoyens nehmen ganz generell die mitgliedstaatliche nationale Demokratie auch als europäische Demokratie wahr. (Siehe S. 48–50)

In diesem Zusammenhang muss aber auch ein Blick auf die Außengrenze der Union geworfen werden. Der Brexit hat deutlich gemacht, wie schwierig sich der Übergang vom Mitgliedstaat zum Drittstaat gestalten kann. Verkürzt gesagt verlangt ein solcher Übergang die Ersetzung von Europarecht durch Völkerrecht. Völkerrecht gibt es nach wie vor in den Mitgliedstaaten wie auch in der Union, die selbst völkerrechtliche Verträge abschließt. Für die Mitgliedstaaten sind solche Abschlüsse dann nicht mehr möglich, wenn die entsprechende

Kompetenz durch die Gründungsverträge, heute also durch den Vertrag von Lissabon, vollumfänglich an die EU abgetreten wurde. Manchmal schließen Mitgliedstaaten auch untereinander völkerrechtliche Verträge ab, sogar in Fällen, in denen eigentlich eine europarechtliche Lösung angestrebt wurde, die sich aber mangels notwendiger Zustimmung nicht realisieren ließ.[78]

Der Blick auf die EU-Außengrenze zeigt einen entscheidenden Unterschied zwischen Völkerrecht und Unionsrecht. Abgesehen von seltenen Ausnahmefällen können aus völkerrechtlichen Verträgen keine hoheitlich durchsetzbaren Akte gegenüber einzelnen Bürgerinnen und Bürgern abgeleitet werden. Unionsrecht ist hingegen hoheitlich durchsetzbar und muss demokratisch legitimiert sein, basierend auf politischen Teilhaberechten des Individuums. Die Union bindet diese politischen Teilhaberechte an die Staatsbürgerschaft im Mitgliedstaat, und damit an ein territoriales Kriterium.[79]

Diese territoriale Abgrenzung hat zur Folge, dass Europarecht demokratisierbar ist, was für das Völkerrecht so nicht gilt. Die Bürgerinnen und Bürger der Europäischen Union sind Teil einer politischen Gemeinschaft, wobei die Zugehörigkeit zu dieser Gemeinschaft und damit auch die demokratischen Teilhaberechte an ein territoriales Kriterium geknüpft sind und nicht »an das reine Menschsein, an das völkerrechtliche Menschenrechte gebunden sind«. Deshalb ist die Union kein kosmopolitisches Projekt. Es ist der territorial bedingte demokratische Anspruch, der die Europäische Union von allen anderen völkerrechtlichen Zusammenschlüssen abhebt, und der sich im dualen Legitimationskonzept verwirklicht hat.[80]

Regelbasierung kann auch durch Völkerrecht erreicht werden; das ist die bewährte Methode, wie weltweit rechtliche Bindung überhaupt vorangetrieben werden kann. Regeln, die über den Nationalstaat hinaus Wirkung entfalten, die zusätzlich demokratisch legitimiert sind, werden weltweit nur in der Europäischen Union erlassen. (Siehe S. 73–75) In dem weltweit »einzigartigen Verfassungslabor«, das die Union darstellt, entstehen auch neue Formen von Demokratie, neue Formen des Zusammenwirkens und damit neue Formen von politischer Kultur.

Distanz als Voraussetzung politischer Verständigung II

Im vorangehenden Kapitel war von der notwendigen Distanz zwischen Bürgerinnen und Bürgern die Rede, damit politische Auseinandersetzung zwischen Personen mit unterschiedlichen Bedürfnissen und Meinungen überhaupt möglich wird. Aufbauend auf die Achtung der nationalen Identität durch die Union (siehe S. 74 f.), stellt sich die Frage der notwendigen Distanz noch einmal auf andere Weise. Die »immer engere Verbindung der Völker« gemäß Präambel des EU-Vertrages kann nicht so verstanden werden, dass diese Völker miteinander »verschmelzen«. Sie werden nicht zu einem europäischen Staatsvolk. Sie bilden kein einheitliches Wir. Ihre unterschiedlichen nationalen Identitäten bleiben bestehen. In diesem Zusammenhang gibt es jedoch auch verständigungspolitische Aspekte. In gewissem Sinne ist die notwendige Verschiedenheit der Individuen mit der notwendigen Verschiedenheit der Mitgliedstaaten im Hinblick auf die politische Verständigung vergleichbar.[81]

Ein föderales Modell beruht auf dem Nebeneinander von verschiedenen Teileinheiten auf einer unteren Ebene und einer übergreifenden Einheit auf der oberen Ebene. Soll es sowohl horizontal als auch vertikal zu politischen Auseinandersetzungen und politischem Austausch kommen, müssen sich die Teileinheiten auf der unteren Ebene voneinander unterscheiden. Sie müssen sich so unterscheiden, dass sie sich jeweils als Andere akzeptieren können. Erst vor dem Hintergrund ihrer unterschiedlichen politischen Kulturen sind die Mitgliedstaaten der Union in der Lage, immer wieder neu eine gemeinsame Rechtsordnung auszuhandeln, die einen echten politischen Kompromiss darstellt und deshalb für alle Beteiligten tragfähig werden kann. Politische Verständigung beruht darauf, das Anderssein aller Teilnehmenden zu akzeptieren und bereit zu sein, es überhaupt wahrzunehmen. Dies gilt für die Mitgliedstaaten genauso wie für die Individuen, von denen im ersten und zweiten Kapitel die Rede war. Es ist derselbe Mechanismus, der die Verschmelzung der Individuen und die von Teileinheiten einer Föderation als Hindernis für politische Verständigung erkennen lässt.[82]

Was als europäische Rechtsgemeinschaft bezeichnet wird, beruht auf dem gegenseitigen Vertrauen unter den Mitgliedstaaten. Sie müssen sich darauf verlassen können, dass sich alle an die gemeinsamen Werte von Artikel 2 EU-Vertrag halten, zu denen sie sich bekannt haben. Vertrauen basiert aber nicht auf Verschmelzen. Im Gegenteil, die Beteiligten vertrauen darauf, dass sie ihr Anderssein bewahren können und gerade deshalb zur politischen Verständigung fähig sind. Wie bei der Rechtsgemeinschaft bildet gegenseitiges Vertrauen auch die Grundlage der politischen Gemeinschaft. Auch transnationale Demokratie braucht Distanz zur Bildung einer übergreifenden Einheit.[83]

Narrative, wie sie gelegentlich zur emotionalen Begründung der Europäischen Union verlangt werden, sind deshalb durchaus problematisch. Sie vernachlässigen einen zentralen Aspekt, in dem sich das Europäische Projekt von der Nationalstaatenbildung im 19. Jahrhundert unterscheidet. Durch die Erfindung von Narrativen für die Europäische Union sollen Recht und Politik mit einer Identität unterfüttert werden, die dieses Projekt nicht nur nicht braucht, sondern die es sogar gefährden kann. Dass sich Nationen auf vielfältige Mythen und damit auf Narrative berufen, steht außer Frage. Aber im

Gegensatz dazu sollte für die Europäische Union Ähnliches nicht versucht werden. Denn die Union hebt Recht und Politik aus dem Gefäß des Nationalstaats heraus und belässt die Nation auf der Ebene der Mitgliedstaaten.[84]

An dieser Stelle ist nochmals zurückzukommen auf die signifikant unterschiedliche Geschichte ostmittel- und westeuropäischer Mitgliedstaaten, die zu spezifischen Wahrnehmungen des Verhältnisses von Staat und Nation geführt hat. (Siehe S. 23–27) Im ersten Kapitel wurde beschrieben, wie sich Nationalstaaten bildeten, indem sich Staat und Nation verbunden haben. Diese Entwicklung beschränkt sich jedoch auf Westeuropa und wird aus einer ostmitteleuropäischen Sicht sogar als Ausnahmeerscheinung gesehen. In den großen Reichen lebten in Ostmitteleuropa flächendeckend verschiedene ethnisch definierte Nationalitäten nebeneinander, während Staatlichkeit ausschließlich durch das übergeordnete Reich repräsentiert wurde. Hier unterblieb die kulturelle Vereinheitlichung nach innen, wie sie die westeuropäische Nationalstaatenbildung kennzeichnet. Der Untergang der großen Reiche hat trotz später Nationalstaatenbildung an der historischen Erfahrung nichts mehr geändert, wonach Staat und Nation – im Sinne der Nationalität – getrennte Dinge sind.

In einer vertieften Analyse kann die ostmitteleuropäische Perspektive sogar als Chance für die Union gesehen werden, da sie historisch besser auf die Vorstellung von einem Recht und einer Politik, die sich von der Nation abgelöst haben, vorbereitet ist. Insbesondere unterliegt sie nicht der Gefahr der westeuropäischen Sicht, in der gelegentlich die Entwicklung der Union zu einem Bundesstaat als folgerichtig erscheint. Die traditionelle westeuropäische Sicht wird und kann sich mit dieser Betrachtungsweise schwerlich vereinen. Distanz also auch zur eigenen historischen Prägung ist eine gute Voraussetzung dafür, dass die Europäische Union in ihrer ganzen Vielfalt und in ihrem auch staatspolitischen Reichtum wahrgenommen werden kann.[85]

Die Frage der Distanz wird außerdem immer wieder in Situationen aktuell, in denen in Mitgliedstaaten die Grundprinzipien von Demokratie und Rechtsstaatlichkeit in Frage gestellt werden, was auch die Grundrechte der Bürgerinnen und Bürger tangiert. Die Grenzen der Distanz zu anderen Mitgliedstaaten sind in den Grundwerten der Union gemäß Artikel 2 EU-Vertrag klar vorgezeichnet. Wie bereits erwähnt, können diese Grundwerte unter Berufung auf die nationale Verfassungsidentität nicht ausgehebelt werden. Hier zeigt sich in der Frage nach Distanz nochmals ein anderer Aspekt, und zwar, was die unterschiedlichen Wege anbelangt, solchen Entwicklungen zu begegnen.

Die verschiedenen Verfahren, die insbesondere gegenüber Ungarn und Polen zur Anwendung gekommen sind oder noch kommen werden, sind einerseits rechtlicher und andererseits politischer Natur. Bei der gerichtlichen Beurteilung bleiben die Mitgliedstaaten auf Distanz zum Staat, der zur Diskussion steht, denn vor Gerichten wird nur rechtlich plädiert und findet kein politischer Schlagabtausch statt. Dies gilt mehr oder weniger auch für finanzielle Sanktionierungsverfahren, auf die im nächsten Kapitel zurückgekommen wird. Anders verhält es sich in den Gremien, die der politischen Auseinandersetzung dienen. Neben der EU-Kommission sind dies das Europäische Parlament, der Ministerrat oder der Europäische Rat. Am deutlichsten erfolgen die politischen Stellungnahmen durch das Parlament, während Ministerrat und Europäischer Rat zurückhaltender sind. Auch für diese Gremien wird jedoch eine Praxis offener Auseinandersetzung verlangt und eine »politische Kultur, die bereit ist, sich konstitutionellen Problemen zu stellen«. Die Distanz zwischen den Völkern wird dadurch nicht aufgegeben, sondern es geht allein um den Schutz dessen, was die Mitgliedstaaten in Artikel 2 EU-Vertrag miteinander vereinbart haben.[86]

Für das Individuum in der Europäischen Union ergibt sich damit ein weiterer Aspekt der Distanz. Im zweiten Kapitel ging es um die notwendige Distanz zwischen den Individuen in der Absicht, eine Verschmelzung zu einem Kollektivkörper zu vermeiden, der zu übersteigertem Nationalismus führen kann. Weiterhin ergibt sich die Notwendigkeit der Distanz auch für die Mitgliedstaaten als Voraussetzung für die Möglichkeit politischer Auseinandersetzung und damit von politischer Verständigung auf Unionsebene. Den beiden Distanzvorstellungen sind zwei Dinge gemeinsam. Zum einen soll Verschmelzung vermieden werden, zum anderen soll aber das Anderssein des Anderen in der Absicht wahrgenommen werden, Verständigung überhaupt zu ermöglichen. In den unterschiedlichen Voraussetzungen von ostmitteleuropäischen und westeuropäischen Mitgliedstaaten verschränken sich in der Praxis diese beiden Aspekte von Distanz. Unionsbürgerinnen und -bürger aus Ostmittel- und Westeuropa sind sich zunächst gewissermaßen doppelt fremd. Darin liegt aber genau die Chance, dem Fremdbleiben und dem Vertrauen unter Fremden immer einen großen Stellenwert einzuräumen. (Siehe S. 46–48) Denn Distanz ist nun einmal die maßgebliche Voraussetzung des Gesellschaftsethos, das allein vor übersteigertem Nationalismus schützen kann. (Siehe S. 42–44)[87]

4 Weiterentwicklung und Widerstände

Nach dieser Bestandsaufnahme zur Europäischen Union mit einem Fokus auf Aspekte der politischen Kultur soll nun der Blick in die Zukunft gerichtet werden. Von besonderer Bedeutung ist die institutionelle Weiterentwicklung, das aus zwei Gründen. Zum einen leitet sich politische Kultur in der Union, und zwar mehr als im traditionellen Nationalstaat, von der Ausgestaltung und vom Zusammenwirken der verschiedenen Organe ab, weil sich auf europäischer Ebene eine neue Form eines transnationalen Gemeinwesens entwickelt hat und weiterentwickelt wird. Zum anderen ist die Einflussnahme der einzelnen Unionsbürgerinnen und Unionsbürger nach dem dualen Legitimationskonzept maßgeblich von der Kompetenzzuweisung an die verschiedenen Organe abhängig; Veränderungen in diesem Bereich haben Auswirkungen auch auf die Rolle der Organe im Mitgliedstaat.

Überlegungen zur institutionellen Weiterentwicklung können aber nicht ohne die Berücksichtigung von möglichen Widerständen angestellt werden. Innerhalb der Union geht es dabei vor allem um die Infragestellung der Rechtsstaatlichkeit, wie sie in einzelnen Mitgliedstaaten zu beobachten ist, und um rechtspopulistische Strömungen, welche die EU als Ganzes in Frage stellen. Zu thematisieren sind auch Herausforderungen, die von außen auf die Union zukommen. Im geopolitischen Umfeld ist dabei das transatlantische Verhältnis von besonderer Bedeutung, denn im Selbstverständnis der US-amerikanischen Nation wäre vieles undenkbar, was sich im Verständnis der europäischen Nationen durch die europäische Integration verändert hat. Daraus ergibt sich ein nachhaltiger transatlantischer Unterschied hinsichtlich politischer Kultur.

Verbindung von drei politischen Regimen

Eine Methode, demokratische politische Regime zu unterscheiden, nimmt eine Zweiteilung, allenfalls eine Dreiteilung vor. Zunächst wird zwischen dem Präsidialsystem und der parlamentarischen Demokratie unterschieden. Beim Ersteren wird zusätzlich differenziert zwischen einem Präsidialregime wie in den Vereinigten Staaten und einem semipräsidentiellen Regime wie in

Frankreich. Eine dritte Form ist das direktoriale Regime, das gelegentlich auch als Untervariante der parlamentarischen Demokratie gewertet wird. [88]

Obschon die Einteilung nicht passgenau stimmt, können einzelne Organe der Europäischen Union tendenziell diesen drei politischen Regimen zugeordnet werden. Der Europäische Rat, bestehend aus den Staats- und Regierungschefs der Mitgliedstaaten, wird oft als kollektives Präsidium beschrieben. Er ist das eigentliche Führungsorgan, das die allgemeinen Zielvorstellungen und Prioritäten festlegt. Seine Funktion kommt dem präsidialen Regime am nächsten. Der Ministerrat in seinen verschiedenen Formaten setzt die Zielvorstellungen um, ist aber auch Co-Gesetzgeber für das europäische Recht, dies zusammen mit dem Europäischen Parlament. Dieses orientiert sich in seiner Funktion am Regime der parlamentarischen Demokratie. Die Wahl der Kommission wiederum kommt dem direktorialen Regime am nächsten, da die Kommissare und Kommissarinnen einzeln von den Mitgliedstaaten vorgeschlagen, vom Europäischen Parlament einzeln geprüft und bei positivem Ergebnis bestätigt werden.

Eine analoge Überlegung, wenn auch unter einem etwas anderen Blickwinkel, findet sich im bereits erwähnten deutsch-französischen Bericht mit dem Titel »Unterwegs auf hoher See: Die EU für das 21. Jahrhundert reformieren und erweitern«. Die je sechs Sachverständigen aus Frankreich und Deutschland, die ihn verfasst haben, bezeichnen sich als »Gruppe der Zwölf«. Sie beschreiben die Union als hybrides politisches System. Ausgegangen wird von drei Quellen der Legitimität, in denen das allgemeine europäische Interesse vorangebracht werde. Die Gemeinschaftsmethode komme in den am stärksten vergemeinschafteten Politikbereichen zur Anwendung, vorangetrieben durch die Kommission. Dem Parlament oblägen die demokratische Kontrolle und zentrale politische Entscheidungen. Die intergouvernementale Methode komme in den Bereichen zur Anwendung, die für die nationale Souveränität von Bedeutung seien, mit einer starken Stellung des Europäischen Rates und der Fachministerräte. Zwar gebe es zwei Tendenzen, dieses hybride System in der einen oder der anderen Richtung verändern zu wollen, die zunächst einmal grob als »weniger Europa« und »mehr Europa« bezeichnet werden können. Auf die Bedeutung von »mehr Europa« wird am Ende dieses Kapitels noch genauer eingegangen. Die Gruppe der Zwölf hält dagegen ausdrücklich am bisherigen System fest, und ihre Empfehlungen bewegen sich innerhalb dieses Rahmens.[89]

Hier geht es auch um das institutionelle Gleichgewicht, das im dritten Kapitel beschrieben wird. (Siehe S. 84) Es wurde in ständiger Rechtsprechung durch den EuGH bestätigt und dient vor allem dazu, die Balance zwischen den Organen zu bewahren, was gleichzeitig der Balance zwischen den verschiedenen Interessen zugutekommt, die in diesen Organen Ausdruck finden; die Kommission vertritt das Gesamtinteresse der Europäischen Union, Rat und Europäischer Rat vertreten die Interessen der Mitgliedstaaten, und das Europäische Parlament vertritt die Interessen der Unionsbürgerinnen und -bürger.

Die Gewaltenteilung, wie sie in demokratischen Nationalstaaten üblich ist, nimmt in der EU eine davon abweichende Form an, weil sie einer föderalen Logik folgt. (Siehe S. 68 f.) Zwar gibt es die drei Gewalten in ihrer üblichen Funktion, aber sie werden anders zugeordnet. Der EuGH ist mit seiner ausschließlich judikativen Funktion relativ nahe bei der traditionellen Form der Gewaltenteilung. Die legislative Funktion teilen sich jedoch das Europäische Parlament und die Fachministerräte. Zwar sind sie durch das alleinige Initiativrecht der Kommission eingeschränkt, beide können aber die Kommission auffordern, einen Vorschlag zu unterbreiten. Die exekutiven Funktionen teilen sich der Europäische Rat, der Ministerrat und die Kommission, bei der auch die Aufsicht über die Verwaltung liegt.[90]

Diese Konstellation führt zu anderen Abläufen im politischen Geschehen, als es die sind, die man in den Mitgliedstaaten kennt. So spielen zum Beispiel politische Parteien in der Union nicht genau dieselbe Rolle wie in den Mitgliedstaaten. Die Gruppe der Zwölf bezeichnet das institutionelle Gleichgewicht, das sich aus dieser unionsspezifischen Form der Gewaltenteilung ergibt, als Grundlage der Stabilität und der Legitimität der Europäischen Union.[91]

Eine Fragestellung kann das illustrieren, nämlich die Diskussion um die Spitzenkandidaten – der Ausdruck »Spitzenkandidat« wird als deutsches Lehnwort in die meisten anderen Sprachen übernommen. Erstmals im Hinblick auf die Wahlen zum Europäischen Parlament 2014 bezeichneten die sogenannten Parteienfamilien Spitzenkandidaten, die ausersehen waren, das Kommissionspräsidium zu besetzen, falls die betreffende Parteienfamilie am meisten Sitze im Parlament erreichen werde. 2019 wiederholte sich dasselbe Szenario, jedoch mit anderem Ausgang als zuvor. 2014 war der langjährige Ministerpräsident Luxemburgs, Jean-Claude Juncker, Spitzenkandidat der Europäischen Volkspartei (EVP), die in den Wahlen zur stärksten Gruppierung im Parlament wurde. Der Europäische Rat hat die Kompetenz, nach entsprechenden Konsultationen den Kommissionspräsidenten vorzuschlagen, wobei er das Resultat der Parlamentswahlen berücksichtigen muss. Formell erfolgt die Wahl dann durch das Parlament. 2019 konnte sich der Spitzenkandidat der stärksten Fraktion nicht durchsetzen, sondern der Europäische Rat schlug mit der heutigen Kommissionspräsidentin Ursula von der Leyen eine andere Kandidatin vor, die derselben Parteienfamilie angehört.[92]

Bemerkenswert ist die Analyse dieses Geschehens aus französischer Sicht. In seinem 2021 erschienenen

Buch »Droit constitutionnel de l'Union européenne« nennt Edouard Dubout vor allem zwei Gründe für diesen Ablauf. Während 2014 mit Jean-Claude Juncker ein langjähriger Ministerpräsident zur Verfügung gestanden habe, der als Luxemburger gleichzeitig die deutsche und die französische Kultur repräsentiere, sei 2019 die Qualifikation des EVP-Spitzenkandidaten für dieses Amt in Frage gestellt worden. Noch wichtiger erscheint hier aber das zweite Argument, da es das institutionelle Gleichgewicht betrifft. Das Spitzenkandidatensystem lehne sich an eine Praxis der parlamentarischen Demokratie an, das dem politischen System der Union fremd sei. Spitzenkandidaten hätten in einer bipolaren Parteienkonstellation Sinn, in der die Wählerschaft die Kandidaten einer vorausdefinierten Programmatik zuordnen könnten. Demgegenüber leite sich die Legitimation der Spitzenkandidaten im EU-System nicht von der Wählerschaft, sondern praktisch ausschließlich von der Partei ab.[93]

Betrachtet man das damalige Geschehen weniger aus verfassungsrechtlicher als aus politischer Perspektive, sollte man in Betracht ziehen, dass der Vorschlag, dem Parlament die heutige Kommissionspräsidentin vorzuschlagen, vom französischen Präsidenten Emmanuel Macron vorbereitet und ausgehandelt wurde, der 2014 noch nicht Präsident war. Es ist müßig, darüber zu sinnieren, wie er sich als überzeugter Europäer damals zu Jean-Claude Juncker gestellt hätte, abgesehen davon, dass die Einigung auf diesen Kommissionspräsidenten im Parlament ziemlich konsensual erfolgte. Nicht auszuschließen ist aber, dass Macron aufgrund seiner französisch-präsidentiellen Prägung 2019 das Spitzenkandidatensystem auch abgesehen von der Qualifikation des EVP-Kandidaten so nicht unbesehen hinnehmen konnte und wollte. Diese Fragestellung hat ganz zentral nicht nur mit politischer Kultur zu tun, sondern ganz praktisch mit Entwicklungsperspektiven der Union.

Die Begründung, warum die Gruppe der Zwölf die rechtliche Institutionalisierung des Spitzenkandidatensystems ablehnt, ist in diesem Zusammenhang interessant. Sie folgt unmittelbar daraus, dass die Gruppe am heutigen hybriden politischen System der EU festhalten will. Die duale Legitimationsstruktur bildet auch bei der Besetzung der Kommissionspräsidentschaft das Fundament. Aufgrund ihrer föderalen Logik kann die Union Legitimität nur gleichzeitig aus zwei Quellen ableiten, einerseits von den Mitgliedstaaten, die im Rat vertreten sind, und andererseits von den Unionsbürgerinnen und -bürgern, die im Parlament vertreten sind. Deshalb schlägt der deutsch-französische Bericht ein differenziertes Vorgehen in verschiedenen Varianten vor, wie die beiden Organe bei der Auswahl der Kommissionspräsidentin oder des Kommissionspräsidenten aufeinander zugehen und einen Ausgleich herbeiführen können.[94]

Eine der zwei Tendenzen, die der Bericht als Infragestellung des hybriden Systems benennt und die oben grob mit »mehr Europa« umschrieben wurden, vertrat die bereits erwähnte Konferenz zur Zukunft Europas. Sie will die EU zu einer parlamentarischen Demokratie machen, die sich in Richtung eines Bundesstaates entwickelt. Eine rechtliche Institutionalisierung des Spitzenkandidatensystems würde genau dies präjudizieren, weil sie als Vorentscheidung dafür gewertet werden könnte, dass die EU schließlich Bundesstaat werden soll.

Kommentatoren warnen seit Jahren vor einer solchen Festlegung. Sie basiere auf einem »bedauerlichen Mangel an Vorstellungskraft«, die sich dem Verständnis der bahnbrechenden Innovation verschließe, die in der heutigen Ordnung der Europäischen Union verwirklicht sei. Es komme einer Rückkehr zum alten Modell des souveränen Staates auf einer übergeordneten Ebene gleich, wie es im Westfälischen Frieden von 1648 erfunden worden sei. Dass dieses Staatsmodell den Frieden nicht garantieren kann, zeigt die Geschichte der drei Jahrhunderte danach.[95]

Das hybride System der Verbindung von drei politischen Regimen ist ein hohes Gut, vielleicht ist es sogar der Kern der Friedenssicherung in Europa. Es sollte nicht leichtfertig preisgegeben werden, auch deshalb, weil alle Mitgliedstaaten in dieser hybriden Form von politischen Regimen Elemente wiederfinden, mit denen sie sich auskennen. Auf den breiten Fächer von Staatsformen und Regierungssystemen der Mitgliedstaaten wurde bereits hingewiesen (siehe S. 76) wie auch auf die besondere Bedeutung, die in diesem Zusammenhang den beiden so verschiedenen Gründerstaaten Deutschland und Frankreich zukommt (siehe S. 78–82). Dass die Gruppe der Zwölf der Perspektive eines Bundesstaates nicht folgt, macht deutlich, wie weitsichtig die beiden Politikerinnen im französischen und im deutschen Außenministerium gehandelt haben, als sie diesen Bericht in Auftrag gaben.

In Diskussionen über die Weiterentwicklung der Union zeigt sich oft die Tendenz, die mitgliedstaatliche Prägung und Erfahrung unbesehen auf die obere Ebene zu übertragen, was zwar verständlich, aber nicht zielführend ist. Sie ignoriert, dass sich die Europäische Union in einem Entwicklungsprozess befindet, für den eine Finalität gar nicht definiert werden kann. Die ganze Palette der historischen und der bestehenden Vorbilder auf nationaler Ebene haben die Friedenssicherung nicht erreichen können, die das höchste Ziel der europäischen Integration darstellt. Im Hinblick auf den später gescheiterten Verfassungsvertrag wurde der Weg seines Entstehens als »Selbstfindungsprozess« der Europäischen Union bezeichnet, der unabhängig davon im Gange sei, ob die Ratifizierung durch alle Mitgliedstaaten erreicht werden könne. Die Definition einer Finalität würde diesen Prozess behindern oder gar beenden. Die einzige Finalität, die für die Weiterentwicklung der Europäischen Union definiert werden kann, ist die Friedenssicherung selbst, wie es in Artikel 3 Absatz 1 des EU-Vertrages festgehalten ist: »Ziel der Union ist es, den Frieden, ihre Werte und das Wohlergehen ihrer Völker zu fördern.« Am Ende des Kapitels wird die hier kritisierte Tendenz nochmals angesprochen.[96]

Rechtsstaatlichkeit und Demokratie

Auf die Gefahr von Rückschritten der Mitgliedstaaten in der Achtung der Rechtsstaatlichkeit wurde schon hingewiesen. Diese Rückschritte sind regelmäßig auch mit einer Gefährdung der Demokratie verbunden, denn sie ergeben sich daraus, dass sich eine rechtmäßig gewählte Regierung eines Mitgliedstaates anschickt, die Ausübung hoheitlicher Gewalt in den Händen der Exekutive zu konzentrieren. Das Vorgehen ist je nach Regierungssystem im betreffenden Staat unterschiedlich. Durch gezielte Veränderungen des Wahlrechts kann die Opposition in der Legislative geschwächt werden. Insbesondere die Gerichtsbarkeit kann durch Veränderungen des Wahlmodus für Richterinnen und Richter und andere einschränkende Maßnahmen den Wünschen der Regierung angepasst werden. Die Zielsetzung solcher Angriffe auf die Rechtsstaatlichkeit besteht darin, einen Machtwechsel zugunsten der Opposition ein für alle Mal zu verunmöglichen. Dass dafür regelmäßig insbesondere demokratierelevante Grundrechte wie Versammlungs- und Meinungsäußerungsfreiheit eingeschränkt werden, versteht sich von selbst. Angriffe auf die freien Medien gehören immer zu den ersten Maßnahmen antidemokratischer Kräfte. Weltweit sind solche Vorgänge in vielen Staaten zu beobachten. Aber im Rahmen der Europäischen Union hielt man derartige Entwicklungen lange Zeit für undenkbar, bis zunächst Ungarn und später auch Polen diesen Weg einschlugen. Zwar haben die Wahlen 2023 in Polen gezeigt, dass Korrekturen auch wieder möglich sind. Fast gleichzeitig ergaben die Wahlen in der Slowakei eine Konstellation, in der problematische Entwicklungen nicht ausgeschlossen werden können.[97]

Angriffe auf die Rechtsstaatlichkeit treffen die Europäische Union in ihrem existenziellen Kern, denn – es sei einmal mehr festgestellt – Recht ist das grundlegende Element, das die Europäische Union zusammenhält. Es ist mit den politischen Abläufen verbunden, aus denen es hervorgeht, und orientiert sich an den Werten von Menschenwürde, Freiheit, Gleichheit und Wahrung der Menschenrechte gemäß Artikel 2 des EU-Vertrages. Geschützt wird dieser Zusammenhalt durch den EuGH, der die einheitliche Auslegung des Europarechts garantiert.

Ein solches Gemeinwesen bedarf des Vertrauens in die Rechtsstaatlichkeit und insbesondere in die Achtung dieser Rechtsstaatlichkeit in allen seinen Mitgliedstaaten, wie im zweiten Kapitel dargelegt ist. Unionsbürgerinnen und -bürger müssen sich darauf verlassen können, dass der Legitimationsstrang der Europäischen Union, der sich aus der nationalen Politik ableitet, auch in den anderen Mitgliedstaaten auf den rechtsstaatlichen und demokratischen Grundsätzen beruht, die alle Mitgliedstaaten miteinander vereinbart haben. Erst aufgrund dieses Vertrauens kann ein Systemvertrauen in die Geltung des Rechts entstehen. Wenn das höchste Gericht eines Mitgliedstaates den Anwendungsvorrang des EU-Rechts in Frage stellt – wie dies auf dem Höhepunkt der Auseinandersetzung zwischen Polen und der EU der Fall war –, so bedroht dies die Grundfesten der Union.[98]

Die Reaktionsmöglichkeiten der Union auf solche Vorkommnisse sind rechtlicher und politischer Natur. Sie gehen aber nicht so weit, dass ein Mitgliedstaat, der massiv gegen die Rechtsstaatlichkeit und andere Grundwerte gemäß Artikel 2 des EU-Vertrages verstößt, ausgeschlossen werden könnte. Die rechtlichen Sanktionierungen gehen in letzter Konsequenz vom EuGH aus. Als Beispiele sollen hier zwei Verfahren erwähnt werden.

Der EuGH musste sich zur Frage äußern, ob ein europäischer Haftbefehl, für den ein Mitgliedstaat einen anderen um Ausführung ersucht, vom ersuchten Staat umgesetzt werden müsse, wenn der ersuchende das gegenseitige Vertrauen durch Angriffe auf die Unabhängigkeit der eigenen Justiz beeinträchtigt habe. Der Gerichtshof verneinte diese Umsetzungspflicht, sodass die Auslieferung nicht erfolgen musste, wobei festgehalten wurde, dass solche Ausnahmen nur für Instrumente gälten, die auf dem gegenseitigen Vertrauen beruhen.[99]

Das zweite Beispiel bezieht sich auf den sogenannten Konditionalitätsmechanismus, der Ende 2020 durch eine EU-Verordnung geschaffen wurde. Er ermöglicht den Rückbehalt von EU-Geldern aus verschiedenen Quellen, wenn der an sich berechtigte Mitgliedstaat die Grundsätze von Rechtsstaatlichkeit und Demokratie massiv verletzt. Der EuGH zieht die Grundwerte der Union gemäß Artikel 2 des EU-Vertrags direkt als Beurteilungsgrundlage heran. Im Verfahren, das die erwähnte Verordnung vorsieht, hat sich die Kommission gegenüber Ungarn und Polen argumentativ erstmals direkt auf Artikel 2 gestützt. Im deutsch-französischen Bericht schlägt die Gruppe der Zwölf verschiedene Maßnahmen zur Stärkung der Instrumente der Union zum Schutz der Rechtsstaatlichkeit vor.[100]

Das rechtliche Instrumentarium allein genügt aber nicht. Für das Verhältnis zwischen Recht und Politik in diesem Bereich seien abschließend zwei Argumente erwähnt, die sich gegenseitig bedingen und ergänzen. Zum einen wird die Ansicht vertreten, dass die Auslegung der allgemeinen Werte, wie sie in Artikel 2 des EU-Vertrags niedergelegt sind, wirksamer durch Gerichte vorgenommen werden könne. Das sei schon deshalb so, weil die Mitgliedstaaten in der Wahl ihres Regierungssystems frei sind, sodass sich die Frage, ob eine Verletzung von

Grundwerten vorliege, in der Praxis sehr unterschiedlich stellen könne. In der Auslegung dieser Werte werden regelmäßig auch Entscheidungen des Europäischen Gerichtshofs für Menschenrechte des Europarates sowie Berichte dessen Kommission für Demokratie durch Recht, der sogenannten Venedig-Kommission, beigezogen.[101]

Zum anderen wird betont, die Unterstützung des rechtlichen Instrumentariums durch die politische Auseinandersetzung sei notwendig. Weil Angriffe eines Mitgliedstaats auf Rechtsstaatlichkeit und Demokratie das Systemvertrauen in die Geltung des Rechts im Allgemeinen beeinträchtigen, hat auch die Gegenreaktion auf solche Angriffe einen transnationalen Aspekt. Die anderen Mitgliedstaaten – und ihre Bürgerinnen und Bürger – haben ein eminentes Interesse daran, solchen Entwicklungen entgegenzutreten, was sie von ihren Vertreterinnen und Vertretern in den politischen Organen der EU erwarten dürfen. Dafür brauche es erst einmal ein Interesse an den politischen Geschehnissen in anderen Mitgliedstaaten, wie bereits ausgeführt. (Siehe S. 49 f.) Aber auch die politische Willensäußerung, dass man nicht bereit sei, solche Angriffe auf die Grundfesten der EU hinzunehmen, sei unabdingbar. Im Europäischen Parlament sind solche politischen Willensäußerungen üblich. Aber auch in den Fachministerräten und im Europäischen Rat wird eine entsprechende politische Kultur verlangt. Sie müsse sich direkt artikulieren und sich nicht eines »diplomatischen Comments« bedienen, der eigentlich ein »Überbleibsel aus dem Souveränitätsvölkerrecht« darstelle, das durch das Unionsrecht längst überholt sei.[102]

Rechtspopulismus und die Bedeutung der Familie

Problematische Entwicklungen wie die eben beschriebenen gehen auf rechtspopulistische Bewegungen und Parteien zurück. Zwar sind auch linkspopulistische Bewegungen zu beobachten, welche die EU-Feindlichkeit auf ihre Fahnen geschrieben haben, aber im Unterschied zum Rechtspopulismus haben sie bislang in keinem Mitgliedstaat Regierungsverantwortung erreicht.[103]

Was die rechtspopulistische EU-Feindlichkeit kennzeichnet, fasst die Gruppe der Zwölf in ihrem Bericht zusammen. Bürgerinnen und Bürger sollen, so werde gegen die Union argumentiert, an der Willensbildung in der EU nicht länger direkt beteiligt sein, denn die Voraussetzungen für eine klassische Demokratie – so zum Beispiel ein einheitliches Volk – seien auf europäischer Ebene nicht vorhanden. Der mitgliedstaatliche Legitimationsstrang über die nationalen Parlamente, die Fachministerräte und den Europäischen Rat müsse genügen. Das bedeute, so die Gruppe der Zwölf, dass die Union in eine internationale Organisation überführt und ihre Zuständigkeit beschnitten oder jedenfalls nicht mehr ausgeweitet werde. Auch werde dem Europäischen Parlament in letzter Konsequenz seine Existenzberechtigung abgesprochen.[104]

Rechtspopulistische Parteien lehnen genau das ab, was 1951 mit der Gründung der Europäischen Gemeinschaft für Kohle und Stahl erreicht worden ist, nämlich die Souveränitätsteilung zwischen den Mitgliedstaaten und der Europäischen Union beziehungsweise ihren Vorgängerorganisationen. Der vorherrschende Tenor lautet »zurück zur Nation«.

Kritik an der oberen Ebene einer Föderation, wie sie die Union darstellt, ist an sich verständlich, weil die Souveränitätsfrage immer in der Schwebe bleibt und dazu ein permanenter politischer Aushandlungsprozess nötig ist. Die definitive Übertragung einer Kompetenz von den Mitgliedstaaten an die Union muss in den EU-Verträgen niedergeschrieben werden. (Siehe S. 69) Dass in diesem Aushandlungsprozess hart gerungen wird, versteht sich von selbst. Außerdem kann es auch gute Argumente für Regelungen auf der Ebene der Mitgliedstaaten geben. Die entsprechenden Positionen können längst nicht immer einer rechtsnationalen Grundhaltung zugerechnet werden. Noch weniger sind sie von vornherein als rechtspopulistisch zu bewerten. Die Verurteilung einer Position als rechtspopulistische EU-Feindlichkeit bedarf vielmehr eines Blickes auf die Programmatik der betreffenden Bewegungen.[105]

In Verlautbarungen von rechtspopulistischen Parteien finden sich als Schwerpunkt der Werteorientierung häufig Begriffe oder Begriffskombinationen wie »Christentum, Familie und nationale Souveränität« und verschiedene Variationen davon, auch »Gott, Familie und Vaterland«. Der britische Historiker Timothy Garton Ash erklärt, in Zeiten großer Veränderungen würden sich Menschen nach alten Gewissheiten wie Kirche, Nation und Familie zurücksehnen. In der EU-feindlichen Programmatik bildet die Rückbesinnung auf die Nation das Kernanliegen. Der Rückbezug auf Religion und das Christentum wiederum ist auch aus anderen Bekenntnissen von Parteien bekannt, die nicht als rechtspopulistisch gelten können.[106]

Interessant ist hier hingegen der Begriff der Familie. In dem Erkennen von Rechtspopulismus stellt er gleichsam einen Prüfstein dar. Er findet sich in allen rechtspopulistischen Programmen, aber interessanterweise auch nur dort. In der persönlichen Wahrnehmung löst kaum ein Begriff so verschiedene bis konträre Vorstellungen aus wie dieser, von äußerst positiv bis äußerst negativ. Am positiven Ende stehen Empfindungen wie Zuwendung, Empathie, Geborgenheit, Zugehörigkeit oder Sicherheit. Am negativen Ende stehen Bevormundung, Übergriffigkeit oder Machtausübung gegenüber anderen Familienmitgliedern, die man sich gegenüber Nichtverwandten nie erlauben würde oder dürfte, ganz zu schweigen von häuslicher oder sonstiger familiärer Gewalt.

Außerhalb der individuellen Wahrnehmung im Zusammenhang mit rechtspopulistischen Bewegungen geht es um politische Zuschreibungen und insbesondere um den relativ engen Zusammenhang zwischen Familie und Nation. Hier lohnt es sich, nochmals auf die erste Zeit der Nationalstaatenbildung und die Bedeutung der Nation zurückzukommen, wie sie im ersten Kapitel beschrieben wird. Entscheidend war damals die Ersetzung der Identität aus der herkunftsmäßigen Vergangenheit durch Identität aus der gemeinsamen zu gestaltenden Zukunft. Gemeinsam war nicht mehr die familiäre oder dorfgemeinschaftliche Herkunft, sondern es galt, im Rahmen der neu definierten Nation ein gemeinsames Vertrauen zu entwickeln. Dieses Vertrauen war die Bedingung dafür, dass man die Sorge für das Gemeinwohl mit an sich Fremden teilen konnte. Das einigende Band war nun die Loyalität zur Nation.

Aber die Idee der Nation trug von Anfang an die Gefahr in sich, in den »Wahn nationaler Einheit« auszuarten, damit oft in Aggressivität nach außen, wie es die späteren Kriege der Nationen belegen. Dabei wurde die Bereitschaft der Bürger zum Kriegsdienst auch als Testfall für die Loyalität zur eigenen Nation gesehen. Damit ging eine Aggressivität nach innen einher, indem Einzelne oder ganze Gruppen ausgegrenzt und verfolgt wurden, die ihre Loyalität nicht unter Beweis stellen konnten oder wollten oder denen dies unterstellt wurde. Dass dabei auch auf Herkunftskriterien zurückgegriffen wurde, die im Nationalstaat eigentlich nichts mehr zu suchen gehabt hätten, entlarvt übersteigerter Nationalismus als einen »Fremdkörper im Nationalstaat«.[107]

Wenn nationalstaatliche Loyalität in nationalen Einheitswahn umschlägt, kippt Zukunftsorientierung in Vergangenheitsorientierung zurück. Was die Familie anbelangt, gerät an diesem Punkt die Ablösung von der verwandtschaftlichen Herkunft, die seinerzeit neben anderen Ablösungen zur Erfindung des nationalstaatlichen Gefäßes geführt hat, in Vergessenheit, und die Familie erscheint im Zeichen des nationalistischen Einheitswahns wieder als einigendes Band. Das regelmäßige Bekenntnis zur Familie in rechtspopulistischen Programmen wird in Kommentaren gelegentlich als eine Abwehrreaktion auf identitätspolitische Forderungen von Minderheiten analysiert. Das erklärt aber noch nicht, warum der Prüfstein Familie einerseits in allen rechtspopulistischen Programmen zu finden ist und andererseits nur dort.

Der geistesgeschichtliche Grund für dieses Phänomen, das den heutigen identitätspolitischen Forderungen von Minderheiten zeitlich weit vorausliegt, ist die enge Verwandtschaft zwischen Nation und Familie – das erklärt übrigens auch das äußerst breite Spektrum von sehr positiv bis zu sehr negativ in der persönlichen Wahrnehmung von Familie. Auch die Nation war immer beides, sowohl Befreiungs- als auch Disziplinierungs-, wenn nicht gar Unterdrückungsinstrument. Weil die rechtspopulistische Programmatik als erste zentrale Forderung immer das »zurück zur Nation« aufstellt, trägt sie auch das »zurück zur Familie« immer in sich.[108]

Festzuhalten ist dazu, dass das Umschlagen in übersteigerten Nationalismus nur eintreten kann, wenn es nicht gelungen ist, die Distanz im Sinne des Gesellschaftsethos zu wahren, wie es im zweiten Kapitel beschrieben wird. Übersteigerter Nationalismus kann nur entstehen, wenn die Individuen zu einer Einheit »verschmelzen« und dadurch nicht mehr über die Distanz zu den Mitindividuen verfügen, die notwendig ist, um diese als Andere mit ihren anderen Erfahrungen und ihrer anderen Interessenlage überhaupt wahrzunehmen. Die Frage, ob negative Beurteilungen des Familienbegriffes in der persönlichen Wahrnehmung von einzelnen Menschen allenfalls auch auf mangelnde Distanz zurückzuführen ist, kann offenbleiben, denn es geht hier nicht um persönliche Meinungen, sondern um die politische Programmatik von rechtspopulistischen Bewegungen.

Geopolitische Aspekte und das transatlantische Verhältnis

Seit mehr als zehn Jahren beginnt sich der Hauptblickwinkel der Vereinigten Staaten vom Atlantik abzuwenden und konzentriert sich zunehmend auf den pazifischen Raum, insbesondere auf das Verhältnis zu China, das die Absicht hat, zur Weltmacht aufzusteigen. Die vier Jahre der Präsidentschaft Donald Trumps haben das transatlantische Verhältnis zusätzlich strapaziert, und von Präsident Joe Biden wird oft gesagt, er sei der letzte Transatlantiker, wer immer auf ihn folgen werde.

Angesichts der Klimakrise könnten diese geopolitischen Veränderungen als geradezu nebensächlich erscheinen. Sie sind es aber nicht, denn die Klimakrise kann nur von allen Staaten gemeinsam angegangen werden. Die für alle Menschen auf diesem Planeten überlebenswichtige Notwendigkeit, die Klimaerwärmung einzudämmen, rückt das Nord-Süd-Verhältnis in den Vordergrund. Hochentwickelte Staaten sind die größten CO_2-Produzenten, und dazu gehören auch die Mitgliedstaaten der Europäischen Union. Die Staaten im Süden weisen mit Nachdruck auf diesen Umstand hin, und insbesondere für die früheren Kolonialmächte im Norden entsteht der Eindruck, als würde sich mit den berechtigten Ansprüchen dieser vormals kolonisierten Staaten der Kolonialismus erst heute mit aller Macht in umgekehrter Richtung zurückmelden. China versucht, sich den Unmut des Südens zunutze zu machen. Um das Maß an geopolitischer Verunsicherung schließlich nochmals zu erweitern, sind die Kriege in der Ukraine und im Nahen Osten zu nennen wie auch eine ganze Reihe von Umstürzen in afrikanischen Staaten. Die Liste der Verunsicherungen ist damit bei weitem noch nicht vollständig.

Wie eingangs skizziert, kann und will dieser Text die dadurch aufgeworfenen Fragen nicht beantworten, obschon die entsprechenden Herausforderungen auch an die Europäische Union und ihre Mitgliedstaaten längst herangetragen werden. Allerdings ist auf eine Beziehung näher einzugehen, und zwar im Zusammenhang mit der politischen Kultur, nämlich auf das transatlantische Verhältnis. Vorweg eine Klärung der Begriffe: Unter transatlantisch wird im Folgenden nur das Verhältnis Europas zu den USA verstanden. Kanada, Mexiko wie auch die südamerikanischen Staaten haben historisch andere Voraussetzungen, und sie unterscheiden sich voneinander wiederum in mancher Hinsicht.

Die Anfänge der europäischen Integration standen einerseits unter dem Einfluss der Vereinigten Staaten. Die Gründerstaaten verstanden sich klar als Teil des westlichen Bündnisses im aufkommenden Kalten Krieg. Andererseits gab es auch immer ein transatlantisches Spannungsverhältnis und die Bemühung des westlichen Europas um Eigenständigkeit. Dabei reagierten die Mitgliedstaaten unterschiedlich, entsprechend ihrer historischen Erfahrung und ihrer politischen Kultur. Das zeigt sich einmal mehr in einem Vergleich der beiden Gründerstaaten Deutschland und Frankreich. Deutschland hatte nach dem Krieg verständlicherweise ein geringes Nationalbewusstsein, während ein solches in Frankreich wieder auflebte. So ergab sich zu Beginn der europäischen Integration in Deutschland die Tendenz, sich der US-Hegemonie zu fügen. Frankreich verfolgte hingegen eine Gegenmachtstrategie gegenüber den Vereinigten Staaten und vertrat eine eigenständige nationale und europäische Sicherheits- und Verteidigungspolitik.[109]

Die Erfahrungen während der Präsidentschaft Trumps haben vielen Europäerinnen und Europäern ein Bild der Vereinigten Staaten gezeigt, das sie zuvor für undenkbar gehalten hätten. Entsprechend geben viele Kommentare der Hoffnung Ausdruck, dass es nicht zu einer zweiten Präsidentschaft Trumps komme, verbunden mit der Überzeugung, die Vermeidung dieser Präsidentschaft lasse die transatlantischen Beziehungen in alter Frische wiedererstehen. Diese Hoffnung ist schon deshalb verfehlt, weil die Umorientierung der USA vom Atlantik zum Pazifik eine Tatsache ist, unabhängig von der personellen Besetzung des Präsidentenamtes.

Abgesehen von dieser geopolitischen Entwicklung gibt es aber einen noch viel grundlegenderen transatlantischen Unterschied, der historisch seit der Besiedelung Nordamerikas durch die Europäer besteht. Die Differenz geht auf ein unterschiedliches Verständnis von Nation zurück. Durch die europäische Integration erfuhr diese Differenz eine nochmalige Verstärkung, denn die Mitgliedschaft in der Union verändert die Rolle der Nation der einzelnen Mitgliedstaaten maßgeblich.

Der Kern der transatlantischen Differenz im Verständnis von Nation liegt in der Religion begründet, eine

Entwicklung, die auf das 17. Jahrhundert zurückgeht. Die Vorstellung der US-Nation wurde durch die puritanischen Pilgerväter und andere Religionsgemeinschaften geprägt, die sich durch die Auswanderung aus Europa vom System des Westfälischen Friedens von 1648 befreiten. Dieser beendete den Dreißigjährigen Krieg, unterwarf die Religion einer staatlichen Ordnung und setzte sich auf dem ganzen Kontinent flächendeckend durch. Das konnten die Puritaner wie auch andere Religionsgemeinschaften nicht akzeptieren, weshalb sie auswanderten und in den amerikanischen Kolonien eine umgekehrte Ordnung schufen, die sich bis heute halten kann. So sind die Vereinigten Staaten gemäß täglichem Treuegelöbnis vor dem Sternenbanner in den Schulen eine »nation under God«, um nur eines von vielen Elementen zu nennen, welche die Religionsgebundenheit der US-Nation untermauern.[110]

Vor allem aber setzte sich in den zahlreichen Religionsgemeinschaften und damit in der Nation die Vorstellung eines von Gott auserwählten Volkes durch. Sie hat sich darin niedergeschlagen, dass das nationale Interesse der Vereinigten Staaten in der Selbstwahrnehmung sehr vieler US-Amerikanerinnen und -Amerikaner ein besonderes ist, das sich mit Interessen anderer Staaten nicht vergleichen lässt. Das ist der Hauptgrund für die konsequente Enthaltsamkeit der Vereinigten Staaten gegenüber jeglicher Institution internationaler Strafgerichtsbarkeit und internationaler Gremien zur Beurteilung von Beschwerden wegen Verletzung international vereinbarter Menschenrechte. US-Bürger sollen sich nur vor US-Institutionen verantworten müssen, denn alles andere trüge Anzeichen eines Souveränitätsverzichtes in sich. Salopp ausgedrückt: Wie kann an Souveränitätsverzicht auch nur gedacht werden, wenn das die Assoziation an einen Souveränitätsverzicht Gottes auslöst? Souveränitätsverzicht ist in der Definition der US-amerikanischen Nation seit jeher nicht vorgesehen. Der Slogan »America first« ist viel älter als die Präsidentschaft Trumps, auch wenn ihn dieser Präsident erstmals medienwirksam bewirtschaftet hat.[111]

Grundlage der europäischen Integration bildet die Souveränitätsteilung der Mitgliedstaaten mit der Europäischen Union. Auch wenn die Vereinigten Staaten diese europäische Integration als Brückenkopf gegen den Osten vor allem während des Kalten Krieges immer befürwortet haben, ist in US-Stellungnahmen das unterschiedliche Nationenverständnis hin und wieder erkennbar. Es muss ja nicht so weit gehen wie beim sprichwörtlich gewordenen »fuck the EU« einer US-Diplomatin, die inzwischen das Amt einer Vizeaußenministerin in Washington bekleidet. Die ebenso sprichwörtlich gewordene Frage Henry Kissingers nach der Telefonnummer der Europäischen Union geht in eine ähnliche Richtung, dass nämlich ein Gebilde wie die EU einfach nicht ernst genommen werden könne. Von der Einstellung zum Souveränitätsverzicht und zu der noch viel weitergehenden

Souveränitätsteilung zwischen der Europäischen Union und ihren Mitgliedstaaten, welche die Basis der europäischen Integration und damit auch der politischen Kultur in der Union bildet, wird im fünften Kapitel nochmals die Rede sein.

Zu den Treffen der Europäischen Politischen Gemeinschaft (EPG), die von Präsident Macron ins Leben gerufen worden ist, sind alle Staats- und Regierungschefs auf dem europäischen Kontinent eingeladen, unabhängig davon, ob sie der EU angehören oder nicht. Das einzige Kriterium für die Zugehörigkeit ist das geografische, also die Lage in Europa. Dass der Vorschlag von Frankreich ausgegangen ist, erstaunt nicht. Frankreich vertritt seit seiner Revolution deren Errungenschaft des Laizismus, der Unterwerfung der Religion unter staatliche Ordnung, am klarsten. Auch wenn die Wurzeln dieser Haltung längst nicht mehr im allgemeinen Bewusstsein präsent sind, können sie die stets vorhandene Gegenposition zu den Vereinigten Staaten zum Teil erklären. Im deutsch-französischen Bericht hat die Gruppe der Zwölf die Entwicklung der Union als ein Vier-Kreise-Modell beschrieben, in dem die Europäische Politische Gemeinschaft als äußerster Kreis figuriert.[112]

Distanz als Voraussetzung politischer Verständigung III

Ein drittes Mal ist nun von Distanz die Rede und ihrer Rolle als Voraussetzung für politische Verständigung. Am Ende des zweiten Kapitels ging es um die Distanz zwischen einzelnen Personen, am Ende des dritten Kapitels um die zwischen den Mitgliedstaaten. Gemeinsam ist diesen beiden Distanzvorstellungen einerseits die Vermeidung einer »Verschmelzung« und andererseits die Wahrnehmung des Andersseins des Anderen in der Absicht, Verständigung überhaupt zu ermöglichen. Am Ende dieses vierten Kapitels, das sich mit der Weiterentwicklung der Europäischen Union befasst, muss noch ein anderer Aspekt thematisiert werden, nämlich derjenige der Distanz zum politischen System des eigenen Herkunftsstaates.

Die EU ist ein hybrides politisches System. Es verbindet drei politische Regime, Präsidialsystem, parlamentarische Demokratie und Direktorialsystem, die sich in den verschiedenen Institutionen mehr oder weniger wiederfinden. Dass diese Verbindung ein hohes Gut darstellt, das nicht leichtfertig preisgegeben werden sollte, wurde bereits dargelegt. Die Mitgliedstaaten finden in dieser hybriden Verbindung auf ganz unterschiedliche Weise Elemente ihrer eigenen politischen Struktur wieder.[113]

Von der Wahrnehmung ostmitteleuropäischer Mitgliedstaaten aus Sicht von Westeuropa wird im fünften Kapitel die Rede sein. In seiner bereits zitierten Studie zu diesem Thema hat der Autor aber auch die Unterschiede zwischen den westeuropäischen Mitgliedstaaten analysiert. Die Selbstwahrnehmung der verschiedenen westeuropäischen Bürgerinnen und Bürger und ihre unterschiedliche Sicht auf die EU werden etwas holzschnittartig skizziert: Großbritannien habe seinen EU-Beitritt immer als Commonwealth-Beitritt betrachtet, rein wirtschaftlich und ohne Auswirkung auf die eigene Identität. Mit dem Brexit sei klargestellt worden, dass dies so bleiben werde. Die Niederlande wiederum sähen die EU als eine Art Verwaltungsorgan oder Ausschuss, den die Bürgerinnen und Bürger dafür eingerichtet hätten, dass es ihnen besser gehe. Diese Vorstellung komme historisch aus der nationalen Prägung. Die Kaufleute hätten auch den niederländischen Staat immer als Verwaltungsorgan oder Ausschuss zur Regelung der für ihre wirtschaftliche Tätigkeit notwendigen Dinge betrachtet. In Österreich sei für die EU oft von der Europäischen Wiedervereinigung die Rede. Im »wieder« scheine die Assoziation an das Ende des 1918 untergegangenen Vielvölkerreichs durch. Andere Nationen, wie Spanien, Schweden oder Italien, pflegten je nach der eigenen Geschichte wieder andere Bilder von der Europäischen Union. Und in Ostmitteleuropa sei das nicht anders.[114]

Vergleicht man einmal mehr Frankreich und Deutschland, könnten die Unterschiede, wie sie dieser Autor beschreibt, nicht größer sein. In Deutschland sei die Metapher vom Zusammenwachsen Europas in der EU beliebt.

Darin sei das Abbild der eigenen Vergangenheit zu erkennen, weil Deutschland selbst ebenfalls aus vielen kleineren Staaten entstanden sei. Die deutsche Vorstellung gehe dahin, es seien die Institutionen, welche die EU zusammenhielten. Und so könne die EU dereinst zu einem Bundesstaat werden, wie es Deutschland ja auch geworden sei. Für Frankreich sei die EU hingegen eine Idee, und es sei eher nebensächlich, wie die Institutionen geordnet seien, denn die Gestalt der EU verändere sich, die Idee aber bleibe. Auch diese Vorstellung werde aus Frankreichs eigener Vergangenheit übernommen; das Land habe sich bis zur gegenwärtigen Fünften Republik immer aus Ideen und Werten und nicht aus der institutionellen Struktur begründet, die mit einer neuen Republik auch immer wieder erneuert werden könne.[115]

Die Darstellung der Unterschiede in der Wahrnehmung der Union durch die verschiedenen Mitgliedstaaten, wie sie dieser Autor formuliert hat, mag etwas summarisch sein, dennoch enthält sie viel Zutreffendes. Für die beiden Gründerstaaten der Union könnte man überspitzt sagen, Deutschland möchte aus der EU ein großes Deutschland machen, während Frankreich in der Union künftig lieber ein großes Frankreich sähe.[116]

Für die Diskussion über die Weiterentwicklung der Europäischen Union ist unabdingbar, Distanz zum politischen System des eigenen Herkunftslandes zu gewinnen und zu wahren. Diese Distanz kann nur erreicht werden, wenn man sich für die politischen Systeme der anderen Mitgliedstaaten interessiert, die aus anderen historischen Wurzeln hervorgegangen sind. Hier zeigt sich eine Parallele zu den früher beschriebenen Aspekten notwendiger Distanz, indem auch hinsichtlich der verschiedenen politischen Systeme der Mitgliedstaaten die erste Voraussetzung in der Wahrnehmung und Akzeptanz dieser Unterschiedlichkeiten besteht.

Was die Mitgliedstaaten verbindet, sind die Grundsätze von Demokratie und Rechtsstaatlichkeit, eingebunden in die Werte Menschenwürde, Freiheit, Gleichheit und Wahrung der Menschenrechte. Aber Demokratie kann je nach historischer Entwicklung unterschiedlich umgesetzt werden, und Rechtsstaatlichkeit kann – wie oben für die beiden Gründerstaaten Deutschland und Frankreich dargelegt – unterschiedlich definiert werden. Gehen die Vorstellungen zu weit auseinander, liegt die Aufgabe, den kleinsten gemeinsamen Nenner zu finden, oft beim EuGH. Das Bewusstsein, dass es sich bei der Europäischen Union um etwas Neues handelt, eine Innovation, weltweit ohne Vorbild, verbreitet sich nur langsam, aber es verbreitet sich. Das Bahnbrechende an dieser Innovation besteht darin, dass die Fehler nicht wiederholt werden sollen, die bei der Nationalstaatenbildung fast notgedrungen zu Gewalt nach außen und nach innen geführt haben.[117]

Es bedarf also auch einer Korrektur dessen, was eingangs zu diesem Kapitel grob mit »mehr Europa« und »weniger Europa« bezeichnet wurde. Dabei geht es um die beiden Tendenzen, die im deutsch-französischen Bericht als ein Abweichen vom hybriden politischen System umschrieben werden. (Siehe S. 104 f.) Die eine Tendenz, welche die Union in eine internationale Organisation zurückbauen möchte, will zweifellos weniger Europa. Auf diese Tendenz wurde bereits näher eingegangen. (Siehe S. 112 f.) Die als Gegenrichtung eingestufte zweite Tendenz, welche die EU in Richtung eines Bundesstaates bewegen möchte, kann aber doch nicht mit »mehr Europa« umschrieben werden, wie dies oben provisorisch stehengelassen wurde. Wer die Entwicklung zu einem Bundesstaat befürwortet, verweist die Union auf die bipolare Achse zwischen Staatenbund und Bundesstaat zurück. Das Gemeinwesen, das aus der europäischen Integration hervorgegangen ist, hat diese Achse aber längst verlassen, wenn es sich nicht sogar von Anfang an außerhalb einer solchen Achse entwickelte. Ein Bundesstaat bedarf verschiedener Grundlagen, unter anderem eines Staates und eines Volkes. Beides ist nicht Grundlage der Europäischen Union, und das mit gutem Grund. Staatsqualität haben jedenfalls zurzeit nur die EU-Mitgliedländer. (Siehe S. 14 f.) Ein europäisches Volk gibt es nicht, und das wird so bleiben. (Siehe S. 46 f.) Anstelle eines Bundesstaatsmodells bedarf die Union einer polyzentrischen Struktur, wie sie sich im Verlauf der europäischen Integration herausgebildet hat, auch dies mit gutem Grund.[118]

»Mehr Europa« bedeutet sorgfältiges Weiterentwickeln dieses neuartigen transnationalen Gemeinwesens, für das es keine Vorbilder gibt. Die Weiterentwicklung folgt nicht irgendeiner Blaupause, die zuvor theoretisch entwickelt worden wäre. Sie ergibt sich aus der politischen Praxis, wie sie täglich gelebt werden muss und wie sie sich vor allem anhand der Herausforderungen ergibt, die auf die Union und ihre Mitgliedstaaten zukommen.

Als einzige Blaupause, der die Entwicklung immer wieder folgt, könnte man die duale demokratische Legitimation bezeichnen. Die Europäische Union bezieht ihre Legitimation einerseits aus der Zustimmung der Mitgliedstaaten und andererseits aus der Zustimmung der Unionsbürgerinnen und -bürger. Die Notwendigkeit der Zustimmung der Individuen über das direkt gewählte Europäische Parlament hält – wenn das so gesagt werden darf – die Mitgliedstaaten in Schach. Und umgekehrt verhindert die Notwendigkeit der Zustimmung der Mitgliedstaaten im Europäischen Rat und in den Fachministerräten eine Entwicklung, die in Richtung eines Bundesstaates ginge und damit die Mitgliedstaaten zu Teilstaaten machte, deren Souveränität weitgehend eingeschränkt wäre. Damit wäre die Souveränitätsteilung in Frage gestellt, die seit der Gründung der Europäischen Gemeinschaft für Kohle und Stahl die Hauptgrundlage der europäischen Integration ausmacht. Die Souveränitätsteilung ist es auch, welche die Notwendigkeit begründet, dass Europa seinen eigenen Weg geht, unabhängig von transatlantischen Verbindungen.

5 Politische Kultur

In diesem letzten Kapitel werden verschiedene Aspekte nochmals aufgegriffen, die möglicherweise zu einer Vorstellung von politischer Kultur in der Europäischen Union beitragen können. Wie in der Einleitung zu diesem Text bereits erläutert wurde, basiert eine solche Kultur auf den durchaus unterschiedlichen politischen Kulturen der Mitgliedstaaten. Diese müssen sich in der politischen Praxis aufeinander beziehen und beeinflussen sich so gegenseitig. Zu einer Angleichung führt dies nicht, sondern aus dem Erkennen von Unterschieden kann mehr Klarheit darüber erwachsen, was die eigene politische Kultur ausmacht.

Es geht im Folgenden darum, Brücken ausfindig zu machen, welche die unterschiedlichen Traditionen in allen Mitgliedstaaten miteinander verbinden. Einmal mehr sind hier die Grundwerte zu erwähnen, die alle Mitgliedstaaten im Vertrag von Lissabon in Artikel 2 festgehalten haben. Sie sind das Fundament, auf dem sich politische Kultur entwickelt. In der Einleitung wird politische Kultur einerseits als eine institutionelle Frage und andererseits als die Art und Weise beschrieben, was für ein Verhältnis die Menschen zu den Institutionen haben und wie sie mit ihnen umgehen. Nach den Überlegungen in den vorangehenden vier Kapiteln kann diese Beschreibung etwas vertieft und in einen Zusammenhang mit einem allgemeineren Kulturbegriff gestellt werden.

Europäische Kultur als solche gibt es nicht. Man spricht von der Kultur einzelner Staaten, geografisch zusammenfassend zum Beispiel von mediterraner oder mitteleuropäischer Kultur, historisch von mittelalterlicher oder neuzeitlicher europäischer Kultur. Die Zielsetzung der Wahrung und Förderung des Reichtums kultureller Vielfalt in den EU-Verträgen wurde bereits erwähnt. (Siehe S. 73)[119]

Dennoch kann man von europäischer Kultur sprechen, aber beschränkt auf den Bereich der politischen Kultur. Führt man Kultur auf Identität zurück – wobei Kultur nur einen Teilbereich von Identität ausmacht –, zeigt sich der Grund für diese Beschränkung auf das Politische. Eine gesamteuropäische kulturelle Identität kann es nicht geben. Warum und wie sich Staat und Nation zum Nationalstaat verbunden haben, wurde im ersten Kapitel dargelegt. (Siehe S. 19 f.) Im Rahmen der europäischen Integration wiederholt sich der Vorgang von damals, aber in viel anspruchsvollerer Weise, indem sich in Europa eine politische Organisationsform herausbildet, aus der politische Identität hervorgeht. Wenn man Kultur auch auf Identität zurückführt, bedeutet dies, dass sich nur eine gesamteuropäische *politische* Kultur, nicht aber eine gesamteuropäische Kultur herausbildet.

Dass der Vertrag über eine Verfassung für Europa letztlich gescheitert ist, liegt auch daran, dass dieses lange erarbeitete Dokument ein Versuch war, gesamteuropäische Identität herzustellen, obschon der Entwurf nur die nationale Identität erwähnte, eine europäische Identität hingegen nicht. Aber die Lehren aus der Ablehnung sind mit dem Vertrag von Lissabon gezogen worden. Darin wurde auf die Erwähnung jener drei Symbole verzichtet, die als Analogie zu nationalen Symbolen hätten aufgefasst werden können, nämlich Flagge und Hymne der Union sowie die Feier des Europatages.[120]

Die neue Rolle der Nation

Die Nation wird im Rahmen der europäischen Integration keineswegs überflüssig, im Gegenteil. Weil die Europäische Union nicht zu einer Nation werden kann, und dies auch nicht will, ist sie darauf angewiesen, dass die Mitgliedstaaten ihren Bürgerinnen und Bürgern etwas zur Verfügung stellen, was sie selbst nicht anbieten kann. Gemeint ist die erste politische Sozialisation, das Hineinwachsen in die Erfahrung dessen, was politische Zugehörigkeit überhaupt bedeutet.

Diese Erfahrung machen die Einzelnen in den meisten Fällen im Herkunftsstaat, oder in einem Mitgliedstaat der EU, in den sie eingewandert sind. Die Bindungskräfte, welche die Erfahrung überhaupt ermöglichen, beziehen die Mitgliedstaaten aus ihrer Qualität als Nation. Diese Kräfte gehen historisch auf die Vereinigung von Staat und Nation zum Nationalstaat zurück, wie es vor allem für Westeuropa erläutert wird. (Siehe S. 19 f.) In Artikel 4 des EU-Vertrages verpflichtet sich die Union, die nationale Identität zu achten, um sogleich zu präzisieren, dass diese Identität »in ihren grundlegenden politischen und verfassungsmäßigen Strukturen einschließlich der regionalen und lokalen Selbstverwaltung zum Ausdruck kommt«. Was die EU im Zusammenhang mit der nationalen Identität von ihren Mitgliedstaaten abruft, sind nicht nur die Bindungskräfte, sondern es sind auch politische Abläufe, die den Anforderungen der Union an Rechtsstaatlichkeit genügen müssen. Die Nation ist somit auch der zentrale Faktor im mitgliedstaatlichen Strang der dualen Legitimationsstruktur, wie sie im ersten Kapitel beschrieben wird. (Siehe S. 35–37)[121]

Weil sich die EU demokratisch über die duale Legitimationsstruktur auch auf die nationale Identität abstützt, ist hier nochmals auf das Regelvertrauen zurückzukommen, wie es im Zusammenhang mit der damaligen Entstehung des Nationalstaats beschrieben wird. (Siehe S. 62) Der Vorgang von damals wiederholt sich in der europäischen Integration, aber mit einem ganz anderen Anspruch. In der Nationalstaatenbildung wurde Identität aus herkunftsmäßiger Vergangenheit ersetzt durch Identität aus gemeinsam zu gestaltender Zukunft.

Diese Wende in der zeitlichen Orientierung von der Vergangenheit auf die Zukunft spielte für die Nationalstaatenbildung eine entscheidende Rolle. Regelvertrauen bedeutet nicht Vertrauen in Regeln, die von irgendwelchen Autoritäten bereits vorgegeben sind, wie dies vor dieser Wende der Fall gewesen war. Nun ging es um das Vertrauen in die Möglichkeit, gemeinsam mit Mitbürgern anderer Herkunft Regeln zu erarbeiten, um Herausforderungen der Zukunft angehen zu können. Es war also nicht nur der Rahmen der Nation, der damals die Bildung von Regelvertrauen ermöglichte, sondern es war auch die Umkehr der Zeitperspektive.[122]

Zwar lässt die europäische Integration die Nation auf der Ebene der EU-Mitgliedstaaten zurück. Die damalige Umkehr der Zeitperspektive, die eigentliche Basis für alle demokratischen Aushandlungsprozesse, bleibt aber erhalten, und sie ist sogar ein zentrales Element der europäischen Integration. Vertrauen in die Aushandlung von Regeln zur Bewältigung gegenwärtiger und zukünftiger Herausforderungen erstreckt sich heute auf alle Mitgliedstaaten der Union, und damit auf alle Unionsbürgerinnen und -bürger. Hier geht der Anspruch weit über die Nation hinaus.

Der deutsch-französische Bericht der Gruppe der Zwölf beschreibt die Entwicklung der Union als ein Vier-Kreise-Modell. Ein innerster Kreis ist enger als die heutige Mitgliedschaft der Union und umfasst Staaten, die sich in einer vertieften Integration zusammenschließen. Diese interne Differenzierung ist in den EU-Verträgen bereits heute vorgesehen und hat sich zum Beispiel in der Währungsunion oder im Abkommen von Schengen bereits konkretisiert. Dem zweiten Kreis gehören die EU-Mitgliedstaaten an, er ist also identisch mit der heutigen Europäischen Union. Ein dritter Kreis ermöglicht eine externe Differenzierung und damit die Teilnahme am Binnenmarkt assoziierter Mitglieder. Der vierte Kreis schließlich könnte sich aus der bereits erwähnten Europäischen Politischen Gemeinschaft (siehe S. 123) herausbilden und europäische Staaten umfassen, die EU-Recht nicht übernehmen müssen, aber mit der EU politisch zusammenarbeiten möchten.

Der Bericht legt Wert darauf, dass die entstehende externe Differenzierung mit dem dritten und vierten Kreis flexibel gehandhabt werden soll. Benannt wird auch die Möglichkeit, dass ein Mitgliedstaat einen weniger integrierten Status als bisher und somit einen Wechsel zu einer assoziierten Mitgliedschaft bevorzugen könnte, allenfalls sogar nur noch eine Beteiligung an der Europäischen Politischen Gemeinschaft. Der Brexit hat gezeigt, dass hinsichtlich der Europäischen Union doch viel weniger in Stein gemeißelt ist als bisher angenommen. Solchen möglichen Zukunftsperspektiven trägt der Bericht Rechnung und berücksichtigt damit zeitliche Entwicklungen in ähnlicher Weise, wie es damals in der Umkehr der Zeitperspektive in der Nationalstaatenbildung der Fall war.[123]

Zur neuen Rolle der Nation durch die Mitgliedschaft in der Europäischen Union müssen aber auch die Unterschiede zwischen den Mitgliedstaaten beachtet werden. Die unterschiedlichen Entstehungsweisen der Nationalstaaten in West- und Ostmitteleuropa sind bereits beschrieben worden. (Siehe S. 23–27) Sie wirken sich auch auf die Entwicklung aus, die ostmitteleuropäische Mitgliedstaaten auf dem Weg zu ihrer neuen Rolle als Nation im Rahmen der europäischen Integration durchmachen.

Die bereits erwähnte Studie zu diesem Thema arbeitet ein unterschiedliches Verständnis von Zugehörigkeit des einzelnen Menschen zur Nation heraus. Grob gesagt, basiere in Westeuropa das Gefühl der Nation auf Nachbarschaft, in Ostmitteleuropa hingegen auf Familie. Dazu ist vorweg zu klären, dass der Familienbegriff, wie er hier verwendet wird, nicht unmittelbar derselbe ist wie der, der im Zusammenhang mit EU-feindlichen rechtspopulistischen Strömungen behandelt wird. (Siehe S. 114 f.) Eine Nachbarschaft funktioniere auf Grund von vereinbarten Regeln, wobei allfällige Konflikte über Institutionen ausgetragen würden. Eine Familie hingegen brauche kein Regelgerüst, und über Konflikte würden keine Institutionen, sondern Autoritätspersonen entscheiden. Diese etwas holzschnittartige Darstellung, die in der Studie aber mit mannigfaltigen Beispielen belegt wird, zeigt den Weg, auf dem sich ostmitteleuropäische Mitgliedstaaten langsam auf die neue Rolle der Nation zubewegen. Er ist nicht identisch mit dem Weg, den die westeuropäischen Staaten schon seit Mitte des letzten Jahrhunderts zur neuen Rolle der Nation eingeschlagen haben.[124]

Zurückgeführt wird die unterschiedliche Wahrnehmung von Nation einmal mehr auf das bereits angesprochene unterschiedliche Verhältnis zwischen Staat und Nation. (Siehe S. 92 f.) Westliche Nationen brauchen ein Gemeinwesen, um überhaupt existieren zu können. Mittelosteuropäische Nationen existieren auch ohne Staat, denn über Jahrhunderte waren Staat und Nation in der Wahrnehmung zweierlei.

Die neue Rolle der Nation im Rahmen der europäischen Integration hängt eng mit der dualen Legitimationsstruktur zusammen, die das demokratische Element der Europäischen Union kennzeichnet. Der direkte Legitimationsstrang ermöglicht Unionsbürgerinnen und -bürgern Einflussnahme über das Europäische Parlament. In vielen Bereichen teilt dieses seine Kompetenz mit den intergouvernementalen Gremien, deren Legitimation aus der mitgliedstaatlichen Politik hervorgeht. Der Einigungsprozess in diesen Gremien wird als intergouvernementales Nadelöhr bezeichnet, durch das die

Reichweite und die Gestaltungskraft der Europäischen Union begrenzt werde.[125]

Die Union ist auf den mitgliedstaatlichen demokratischen Legitimationsstrang genauso angewiesen wie auf den direkten Strang aus der Unionsbürgerschaft, denn sie muss aus der Nation in deren neuer Rolle das abrufen, was sie selbst nicht zur Verfügung hat, weil sie nicht über die Bindungskräfte einer Nation verfügt. Es wird oft beklagt, dass Fachministerinnen oder Staats- und Regierungschefs Negativschlagzeilen auf die Union abschöben, während sie Positivschlagzeilen, die durchaus der Union zugeschrieben werden müssten, als nationalen Erfolg mit der Begründung ausgäben, es sei ihr Einfluss gewesen, der das positive Resultat erst ermöglicht habe. So unlogisch ist dies indessen nicht, denn diese Politikerinnen und Politiker, die ihre Legitimation aus der nationalen Politik ableiten, müssen das Gemeinschaftsinteresse der Union zunächst einmal als nationales Interesse interpretieren, wenn sie dafür Akzeptanz erreichen wollen. Und diese Akzeptanz ist letztlich im Sinne der Union.[126]

In der institutionellen Praxis ist die Union aber vor allem auf die nationalen Behörden angewiesen, weil der Vollzug von Europarecht Aufgabe der Mitgliedstaaten ist. Dass es nationale Behörden und Gerichte sind, die den Bürgerinnen und Bürgern gegenübertreten und dieses Recht durchsetzen, unter Umständen auch unter Anwendung ihres Gewaltmonopols, ist für die neue Rolle der Nation, die sich aus der europäischen Integration ergibt, von großer Bedeutung. Diesen Behörden und Gerichten begegnet man ja genauso beim Vollzug von nationalem Recht, sodass man ihnen genauso vertraut oder eben nicht vertraut, wenn sie Unionsrecht umsetzen. Die Behörden und Gerichte der Mitgliedstaaten sind mit den nationalen Verhältnissen gut vertraut und kennen die Mentalität in der Bevölkerung. Wenn sie nun gleichzeitig als europäische Behörden wirken, vermitteln sie dem Unionsrecht mehr Bürgernähe. Sie sind deshalb, von den Mitgliedstaaten aus gesehen, als Scharnier zu Europa bezeichnet worden.[127]

Von der Nation zur Unionsbürgerschaft

Nachdem von der ersten politischen Sozialisation die Rede war, die meistens im Mitgliedstaat der eigenen Herkunft oder durch Einwanderung in einen Mitgliedstaat geschieht, so geht es nun um die zweite Sozialisation, die durch die Unionsbürgerschaft ausgelöst wird. Im dritten Kapitel zur institutionellen Praxis war bereits von der Bedeutung die Rede, die der Unionsbürgerschaft zukommt. Hier soll auf einen anderen Aspekt eingegangen werden, der die einzelnen Unionsbürgerinnen und -bürger in einem gewissen Sinne zu Erbinnen und Erben wenigstens eines Teils von dem macht, was die Nation durch die europäische Integration an Bedeutung verliert.

Soll dieses Verlorene umschrieben werden, stellen sich allerdings sogleich Zweifel an der gewählten Begrifflichkeit ein. Souveränitätsteilung des Mitgliedstaats mit der Union kann ja nicht mit Verlust gleichgesetzt werden. Sie eröffnet dem Mitgliedstaat umgekehrt die Möglichkeit der Einflussnahme und die Bewältigung von Herausforderungen, die nur auf der europäischen Ebene angegangen werden können, weil der Mitgliedstaat allein dazu nicht in der Lage ist.[128]

Dennoch hat die Umschreibung mit der Erbschaft etwas Zutreffendes. Souveränitätsübertragung spielt sich zwischen den Behörden der beiden Ebenen ab, und der einzelne Bürger ist nur insofern daran beteiligt, als er die Behördenträger mit Legitimation ausstattet, durch Wahlen auf beiden Ebenen, national allenfalls auch in Referenden. Ist Souveränität aber einmal definitiv übertragen worden, werden Unionsbürgerinnen und -bürger zum Bindeglied zwischen den beiden Ebenen, indem die Unionsbürgerschaft gleichwertig neben die Staatsbürgerschaft tritt. Dadurch wird ein Status der Einzelnen erreicht, der als geteilter Bürgerstatus bezeichnet wird; man spricht auch von Mehrfachidentität oder sogar vom »geteilten Bürger«. Darin kommen wieder die beiden Stränge der dualen Legitimationsstruktur zum Ausdruck, welche die Europäische Union zu einem Gemeinwesen machen, das einerseits durch die Mitgliedstaaten und andererseits durch die Unionsbürger getragen wird.[129]

Im ersten Kapitel wurde das Verhältnis zwischen der Union, den Mitgliedstaaten und den Unionsbürgern mithilfe eines Dreiecks erklärt. Das Bild kann hier wieder aufgegriffen werden, denn es veranschaulicht die Rolle der Unionsbürgerin und des Unionsbürgers. Nur in den einzelnen Individuen laufen die Fäden der Identifikation einerseits mit dem Mitgliedstaat und andererseits mit der Union wirklich zusammen und können verknüpft werden.

Längst nicht alle Unionsbürgerinnen und -bürger sind sich dessen bewusst. Die Einzelnen entscheiden selbst, ob für sie die nationale oder die europäische Ebene im Vordergrund steht oder ob sie beide Ebenen als gleich bedeutsam wahrnehmen. Es ist ohne weiteres möglich, sich vor allem als Teil des Mitgliedstaats oder eines noch kleinteiligeren Gemeinwesens innerhalb des Nationalstaats zu sehen. Auch in der kleineren geografischen Zuordnung ist die Orientierung am Gesellschaftsethos möglich und auch wünschenswert, denn dieses ermöglicht eine offene demokratische Auseinandersetzung. (Siehe S. 42–44)

Viele Europäerinnen und Europäer empfinden es jedoch als befreiend, dass sie nicht auf ihren Herkunftsstaat beschränkt sind. Sie sehen es als positiv an, dass die Europäische Union auch ihren Herkunftsstaat »zähmt [...] und ihn von seinem Thron der Heiligkeit und Unentrinnbarkeit« stürzt. Sie brauchen den offenen Rahmen einer breiteren Identifikation, die auf offenen Grenzen beruht. Damit setzen sie auch in dieser größeren geografischen Dimension das Gesellschaftsethos um; ein Gemeinschaftsethos kann sich auf europäischer Ebene gar nicht entwickeln, da die Europäische Union nicht zu einer Nation werden kann.[130]

Auch wenn Unionsbürgerinnen und Unionsbürger diese Offenheit vor allem als Marktbürger schätzen, übernehmen sie dennoch eine Funktion als Citoyennes und Citoyens, denn die beiden Rollen zeigen sich als die zwei Seiten derselben Medaille. (Siehe S. 51–54) Die Unionsbürgerschaft wird so zur Grundlage einer langsam entstehenden europäischen Öffentlichkeit, denn es sind die einzelnen europaoffenen Individuen, welche die Klammer zwischen den beiden Ebenen herstellen.

So erklärt sich nun, warum der Begriff der Erbschaft dennoch etwas Zutreffendes hat. Die Bindungskräfte der Nation, die von der Union abgerufen werden, weil sie selbst nicht über solche verfügt, werden durch diesen Vorgang ebenfalls geteilt. Aber sie werden nicht wie die Souveränität zwischen dem Mitgliedstaat und der Union geteilt, sondern die Teilung erfolgt zwischen der mitgliedstaatlichen Nation und den Unionsbürgerinnen und Unionsbürgern. Diese Teilung geschieht also auf der Seite des Dreiecks, die den Mitgliedstaat mit der Unionsbürgerschaft verbindet, während sich die Souveränitätsteilung auf dem gegenüberliegenden Schenkel des Dreiecks abspielt, der ebenfalls vom Mitgliedstaat ausgeht.

Die Bindungskräfte der Nation sind letztlich politisch, sie vermitteln den Einzelnen eine politische Identität. Wenn nun die Europäische Union in der beschriebenen Weise diese Bindungskräfte auch für das Geschehen auf der europäischen Ebene in Anspruch nimmt, tritt neben die mitgliedstaatliche politische Identität auch eine europäische politische Identität. Bindungskräfte werden nicht über institutionelle Vereinbarungen verschoben, sondern nur über Individuen. Deshalb sind es die einzelnen Unionsbürgerinnen und Unionsbürger, die durch die Entwicklung einer europäischen politischen Identität die Bindungskräfte der Nation auf die europäische Ebene mitnehmen und somit, im übertragenen Sinne, ein Erbe der Nation antreten.[131]

Führt man diesen Gedanken weiter, so kommt eine Überlegung ins Spiel, die der bereits erwähnte Ulrich K. Preuß vorgeschlagen hat. Er stellt die Frage, ob im Zusammenhang mit der Entwicklung einer Mehrfachidentität auf den beiden Ebenen statt des Begriffs der Identität nicht besser der Begriff der Individualisierung verwendet werden könne.[132]

Vor dem Hintergrund, dass die Bindungskräfte der Nation nur durch die einzelnen Unionsbürgerinnen und -bürger auf die Ebene der Union übertragen werden können, stellt sich dieser Vorschlag in eine Tradition. Einmal mehr ergibt sich hier eine Vergleichbarkeit zwischen der Nationalstaatenbildung, ausgelöst durch die Französische Revolution, und der europäischen Integration.

Schon damals basierte die Veränderung auf der Individualisierung, indem die Menschen die Möglichkeit bekamen, sich von der vorbestimmten Herkunft zu lösen. (Siehe S. 18 f.) Unter dem Aspekt der Individualisierung kann die Unionsbürgerschaft als die Möglichkeit gesehen werden, sich vom Herkunftsstaat abzulösen, ohne aber die politische Zugehörigkeit zum selben Staat als EU-Mitgliedstaat zu verlieren. So wird die Individualisierung der Französischen Revolution gewissermaßen zum ersten Schritt, dem zweihundert Jahre später ein zweiter Schritt der Individualisierung folgt. Oder, falls man die sich wandelnden Menschenbilder zu Rate zieht (siehe S. 55–60), lässt sich eine Parallele zwischen 1789 und 1992 ausmachen, als durch den Vertrag von Maastricht die Unionsbürgerschaft eingeführt wurde, auch wenn sie sich erst im Lauf der Jahre zu der Bedeutung entwickelt hat, die man heute erkennen kann.[133]

In diesem Zusammenhang ist eine europäische kulturelle Eigenheit auch von politischer Bedeutung, nämlich die Sprachenvielfalt. Niemand wird bestreiten, dass diese Vielfalt in der Kultur Europas eine zentrale Rolle spielt. Europäische Kultur ist auch schon als eine Kultur der Übersetzungen bezeichnet worden, als ein Ausdruck der Vielfalt dieses Kontinentes. Dass Sprachenvielfalt auch für die politische Kultur dieses Kontinents von zentraler Bedeutung ist, wird dabei oft übersehen. Allerdings trägt die Dominanz der englischen Sprache in der Europäischen Union zur Verdrängung anderer Sprachen bei. In den Abläufen der Union selbst verhindern klare Übersetzungsregeln solche Einbrüche zum Teil, und es bleibt zu hoffen, dass auch die sprachliche Vielfalt aufrechterhalten wird. In Wissenschaft und Berichterstattung zu Themen der europäischen Integration ist die Sprachenverdrängung jedoch nicht zu übersehen. In diesem Bereich führt die Dominanz der englischen Sprache womöglich zu einer Verengung von Denkstrukturen und behindert damit insbesondere die Wahrnehmung unterschiedlicher politischer Kulturen über die mitgliedstaatlichen Grenzen hinweg.[134]

Am Ende des vierten Kapitels wurde auf die Schwierigkeit der Ausbreitung europäischer politischer Kultur hingewiesen. Als Grund dafür wurde der eben beschriebene Umstand genannt, dass diese Ausbreitung nur über die Individuen erfolgen könne, die sich persönlich für solche Zusammenhänge interessieren. Es steht außer Zweifel, dass die Dominanz der englischen Sprache hier ein weiteres Hindernis darstellt. Wahrnehmung politischer Kultur ist eine sehr persönliche Angelegenheit und erfolgt im Mitgliedstaat zunächst in der dort verwendeten Sprache. Soll diese Wahrnehmung über die mitgliedstaatlichen Grenzen hinweg ausgeweitet werden, erfordert dies auch ein minimales Sensorium für die Sprache des anderen Mitgliedstaates. Die Nivellierung dieser Wahrnehmung durch die Dominanz der englischen Sprache ist nicht zu unterschätzen.[135]

Machtteilung und Konkordanz

Weil sich in der Europäischen Union so viele unterschiedliche Stimmen in die Diskussion einbringen müssen, hat dieses einzigartige Gemeinwesen eine polyzentrische Struktur. (Siehe S. 127–129) Dabei ist die Wahrung des institutionellen Gleichgewichtes von zentraler Bedeutung, wie es der EuGH in ständiger Rechtsprechung immer wieder bestätigt.[136]

Diesbezügliche Diskussionen gibt es in der Union seit Beginn. Deutschland setzt auf ein starkes Parlament, während kleinere Staaten ihre Interessen im Ministerrat besser vertreten sehen. Dass die Gewaltenteilung in der Union nicht im Maßstab eins zu eins mit der in den Mitgliedstaaten verglichen werden kann, wurde bereits ausgeführt. (Siehe S. 101) Es kommt hinzu, dass das Prinzip der Gewaltenteilung in den Mitgliedstaaten ganz unterschiedlich umgesetzt wird.[137]

Letztlich geht es in der Union immer um Machtteilung. Schon der Souveränitätsteilung als Grundlage einer Föderation liegt die Idee der Machtteilung zugrunde. Die verschiedenen Organe müssen immer aufeinander zugehen, weshalb für die Union von einer Konkordanzdemokratie gesprochen wird. Konkordanzmodelle stehen der Idee von Konkurrenzmodellen gegenüber – auch dies ist letztlich eine Frage von politischer Kultur. Konkurrenzmodelle setzen auf die Gegenüberstellung konkurrierender Konzepte, über die eine Mehrheitsentscheidung zugunsten des obsiegenden gefällt wird. Demgegenüber wollen Konkordanzmodelle ausgrenzende Mehrheitsentscheidungen vermeiden und setzen auf die einvernehmliche Suche nach breiten Kompromissen. In einem Gemeinwesen, wie es die Europäische Union darstellt, müssen so viele verschiedene Strukturen und Meinungen unter einen Hut gebracht werden, dass ein reines Konkurrenzmodell unweigerlich zum Stillstand führen würde.[138]

Politische Kultur ist jedoch auch eine Frage verschiedener Entscheidungsstile. Im Zusammenhang mit dem konkordanten Entscheidungsstil, der in der Union gebraucht wird, kommt es auch auf die einzelnen Individuen als politische Akteure an. Persönlichkeiten, die nur die Methode »alles oder nichts« kennen, eignen sich nicht als Akteure in konkordanten Strukturen, und wenn sie sich mit dieser Methode dennoch in solche Strukturen einbringen, erreichen sie in der Regel wenig, stellen sich ins Abseits oder scheitern schließlich.

Für Führungspositionen in der Union kommen deshalb nur »konsensfähige und ausgleichend wirkende Persönlichkeiten« in Frage. Sie müssen einen Sinn für Kollegialität mitbringen, der darin besteht, dass sie sich zunächst einmal ein Bild machen über die parteipolitisch oder national bedingte gegensätzliche Interessenslage der anderen Akteure, damit die Basis einer möglichen Annäherung eingeschätzt werden kann. Der Vorgang ist demjenigen vergleichbar, der im Zusammenhang mit der grundsätzlichen Bedeutung von Distanz als Voraussetzung politischer Verständigung beschrieben ist. (Siehe S. 60–63)[139]

Nun gehen aber die Akteure, die in den EU-Organen tätig werden, aus Wahlen hervor, und dies über beide Stränge der dualen Legitimationsstruktur der Union. Auch die Kommissionsmitglieder werden von den Mitgliedstaaten vorgeschlagen. Selbst wenn sich das Parlament zu ihrer Eignung äußern kann, spiegelt die Auswahl der Kandidatinnen und Kandidaten dennoch die politische Kultur im Herkunftsland wider. Zwar nimmt die designierte Kommissionspräsidentschaft eine Abstimmung der Kommissionszusammensetzung nach verschiedenen Kriterien der Ausgewogenheit vor und richtet deshalb entsprechende Wünsche an die Mitgliedstaaten, bevor die Liste dem Parlament unterbreitet wird.

Dessen ungeachtet kommen die Akteure in allen Organen nicht nur hinsichtlich Herkunftsstaat und Parteizugehörigkeit, sondern auch hinsichtlich der Persönlichkeitsbilder aus dem ganzen denkbaren Spektrum. Wie in jeder Demokratie erstreckt sich das Spektrum der Persönlichkeitsbilder von Akteuren, die »alles oder nichts« vor Augen haben, bis zu solchen mit kollegialen Fähigkeiten und viele denkbare Variationen. Darüber hinaus sind in der EU alle Akteure zunächst einmal von den politischen Kulturen ihrer Herkunftsstaaten geprägt, die sich schon aufgrund der verschiedenen Regierungssysteme unterscheiden, aber auch nach anderen Kriterien, sei es wegen ihrer geografischen Lage im Süden, Norden, Westen oder in der Ostmitte Europas, sei es aufgrund der Größe des Mitgliedstaates oder anderer Besonderheiten.

Das konkordante System der Union verlangt nun aber von den Akteuren, politische Kulturen und nationale Befindlichkeiten über alle Grenzen hinweg kennenzulernen, um gemeinsam Kompromisse erarbeiten zu können. Einflussnahme lässt sich in einem konkordanten System ohne ein Minimum an Kollegialität nicht erreichen. Dies führt nochmals zur Rolle der Parteien, deren Familien im Europäischen Parlament viel heterogener sind als auf der Ebene der Mitgliedstaaten. Parteizugehörigkeit ist in der Union zwar ein Kriterium, aber eines unter verschiedenen, die Parlamentsmitglieder prägen.[140]

Es ist kein Zufall, dass Vertreterinnen und Vertreter rechtspopulistischer EU-Feindlichkeit oft die Methode »alles oder nichts« zur Anwendung bringen. In den ebenfalls, aber in viel geringerem Ausmaß existierenden Ansätzen zu linkspopulistischer Ablehnung der EU kann Ähnliches beobachtet werden.

Die grundsätzliche EU-Ablehnung dieser Strömungen oder Parteien richtet sich in letzter Konsequenz gegen die Machtteilung, die auch in der Souveränitätsteilung zum Ausdruck kommt. Der Grundsatz »nation first« dominiert in diesen Strömungen alles andere und richtet sich sowohl gegen außen als auch gegen innen. Die EU-Feindlichkeit nach außen verbindet sich mit einer Feindschaft nach innen gegen alles, was in der eigenen Nation als nicht zugehörig definiert wird, sei es aufgrund von Einwanderung, religiöser Zugehörigkeit, familiärer Identität oder anderer Kriterien. Fundamentale EU-Feindlichkeit will die Nation in ihrer Bedeutung bewahren, wie sie vor dem Einsetzen der europäischen Integration üblich war. Deshalb soll die Nation die ehemalige Bedeutung wiedererlangen.

Die Ablehnung der EU ist in letzter Konsequenz immer darauf zurückzuführen, dass die europäische Integration in ihrem Kernpunkt abgelehnt wird. Dieser besteht darin, ein rechtliches und politisch legitimiertes trans- und supranationales Regelwerk zu schaffen, ohne aber die Nation auf diese Ebene anzuheben. Die Nation verbleibt auf der mitgliedstaatlichen Ebene und verändert ihre Rolle. (Siehe S. 133–135) Ablehnung dieses Kernpunktes kann nur eine fundamentale sein, die alle anderen Überlegungen als nebensächlich ausblendet. Deshalb kennzeichnet sich EU-feindlicher Fundamentalismus immer durch »alles oder nichts«.[141]

Hier kommt nochmals das hybride politische System ins Spiel und das sich daraus ergebende Gleichgewicht, das die Gruppe der Zwölf im deutsch-französischen Bericht als die Grundlage der Stabilität und Legitimität der Europäischen Union bezeichnet. Das hybride politische System macht es in letzter Konsequenz unmöglich, dass sich eine EU-feindliche populistische Strömung der Union bemächtigt. Parlamentarische Demokratien sind vor solchen Übernahmen weniger gefeit, wie es die Verhältnisse in Ungarn oder bis 2023 in Polen gezeigt haben. Sie folgen einem Konkurrenzdenken, in dem auch eine knappe Parlamentsmehrheit die unterlegenen Strömungen vom Regieren ausschließt und in die Opposition verweist. Präsidialsysteme können ebenfalls von extremen Strömungen übernommen werden, wie es die vergangenen Jahre in den Vereinigten Staaten gezeigt haben. In einem direktorialen Regime sind derartige Machtübernahmen kaum denkbar.[142]

Ein hybrides politisches System, wie es die Union darstellt, ist gegen derartige Übernahmetendenzen besser geschützt, weil sich die Machtteilung in den Organen und vor allem in deren Zusammenwirken flächendeckend umsetzt. Machtteilung hat sich auf dem langen Weg, den die Europäische Union bis heute zurückgelegt hat, immer wieder durchgesetzt; am deutlichsten ist sie im hybriden Charakter der Verbindung verschiedener politischer Systeme. Wenn dieser Charakter beibehalten und die oben etwas salopp formulierte Idee aufgegeben wird, die Union könne sich »zu einem großen Deutschland oder zu einem großen Frankreich« entwickeln (siehe S. 125 f.), kann sie von EU-feindlichen populistischen Strömungen nicht übernommen werden. Machtteilung ist das Schlüsselwort, das bis heute dafür verantwortlich ist, dass Europa seinen eigenen Weg weitergehen kann.

Die Friedensperspektive

Es ist kaum vorstellbar, dass Vertreterinnen und Vertreter einer fundamentalen Ablehnung der Europäischen Union mit der Fantasie spielen, heutige Mitgliedstaaten könnten wieder Kriege gegeneinander führen. Aber sie sehnen sich nach einer souveränen Nationalstaatlichkeit zurück, deren notwendigerweise gegebene Aggressivität nach außen sie nicht wahrnehmen wollen. Die Aggressivität nach innen vollziehen sie, indem sie ihre Nation, das heißt die Idee davon, sozusagen von Einflüssen rein halten wollen, die sie selbst als ihrer Nation nicht zugehörig definieren. Die Wunschvorstellung geht dahin, die EU in eine internationale Organisation zurückzubauen. (Siehe S. 112 f.) Dabei ginge auch die »Dreieckskonstruktion« verloren, die dem Individuum eine ganz entscheidende Rolle zubilligt. (Siehe S. 142–144) Es sind die einzelnen Unionsbürgerinnen und Unionsbürger, welche die ursprünglich in der Nation beheimateten Bindungskräfte auf die Ebene der Europäischen Union übertragen, wodurch mit der Zeit eine europäische Öffentlichkeit entstehen kann.

Eine internationale Organisation ist eine Angelegenheit nur der Mitgliedstaaten, die demokratische Mitwirkung der Bürger dieser Staaten beschränkt sich allenfalls auf die Frage eines Beitritts oder Austritts. Die Europäische Union ist hingegen eine Angelegenheit sowohl der Mitgliedstaaten als auch deren Staatsbürger in ihrer Doppelrolle als Unionsbürger. Sie erlaubt den Einzelnen die politische Mitwirkung am Entstehen des europäischen Rechts, das die Klammer bildet und das europäische Gemeinwesen auf der Grundlage der dualen Legitimationsstruktur zusammenhält. Fundamentale EU-Ablehnung ist gleichbedeutend mit Ablehnung der Individualisierung. Die Einzelnen sollen in eine kollektive Identität zurückgezwungen werden, die sich auf den Nationalstaat ihrer Herkunft beschränkt, und das in der Form einer Nation, die durch Ausgrenzung Nichtzugehöriger gewissermaßen rein gehalten wird. So weit zur Aggressivität des Nationalstaates nach innen.

Hier geht es nun aber um die Aggressivität des Nationalstaats nach außen. Auch wenn oder gerade weil dieser Aspekt von Vertretern einer fundamentalen Ablehnung der Union ausgeblendet wird, muss hier darauf eingegangen werden. Zu Beginn der europäischen Integration wurde mit der Gründung der Europäischen Gemeinschaft für Kohle und Stahl die Sicherung des Friedens auf diesem Kontinent angestrebt, und diese Perspektive hat die Entwicklung der Union seither begleitet. Im Zusammenhang mit den sich wandelnden europäischen Menschenbildern wurde bereits erwähnt, wie sich Kriegserfahrungen in solchen Bildern niederschlagen, aber auch wieder verblassen können. (Siehe S. 55–60) Die Frage, ob Sinn und Nutzen der europäischen Integration nur aufgrund konkreter kollektiver Gewalterfahrung eingesehen werden können, wäre aber falsch gestellt. Es geht weniger um die Frage, ob die Kriegsgefahr gebannt werden kann, als um die viel komplizierter zu beantwortende Frage, mit welcher Methode das geschieht. Der Beantwortung dieser zweiten Frage dient dieser Text, und das mit Fokus auf die politische Kultur.

Der Nationalstaat ist in Europa erfunden und von diesem Kontinent weltweit flächendeckend exportiert worden, inklusive seiner fast grenzenlosen Bereitschaft zu kriegerischer Aggression. Nationalstaaten haben sich immer durch Kriege gebildet. (Siehe S. 22 f.) Von dieser Regel gab es bis Mitte des letzten Jahrhunderts praktisch keine Ausnahmen, und außerhalb des europäischen Kontinentes besteht die Regel noch heute. Aber auch auf dem europäischen Kontinent selbst macht sich die Regel wieder bemerkbar, denn durch den Angriff auf die Ukraine versucht der russische Diktator, das Gebiet seines Nationalstaates nach Westen auszudehnen. [143]

Die europäische Integration hat die erwähnte Regel durchbrochen, indem sie ein transnationales Regelwerk geschaffen hat, mit dessen Hilfe Konflikte zwischen den Mitgliedstaaten gewaltfrei gelöst werden können. Grundlage dieses Regelwerkes sind Rechtsstaatlichkeit und demokratische Abläufe, aus denen das europäische Recht hervorgeht. Damit wurde der bisherige Rahmen internationalen Rechts in einer Weise transzendiert, wie es unter der Ägide nur des Völkerrechts nicht möglich gewesen wäre. Die Idee, Supranationalität mit demokratischer Legitimation zu verbinden, als zwei sich gegenseitig bedingende Voraussetzungen, ist rechtlich gesehen eine Innovation, die ihresgleichen sucht.[144]

Die innovative Leistung bestand vor allem darin, Supranationalität und demokratische Legitimation weder einem neuen Staat und schon gar nicht einer neuen Nation zuzuordnen, sondern auf der oberen Ebene der Union auf beides zu verzichten. Zu groß wäre die Gefahr gewesen, dass die alte Regel wieder hätte Platz greifen können, wonach Nationalstaatenbildung mit Kriegen verbunden ist. Hier knüpft auch die Warnung vor der Idee an, die Europäische Union sollte zu einem Bundesstaat werden. Diese Entwicklungsperspektive würde nicht weniger als die »Verweigerung des Verständnisses der bahnbrechenden Innovation« bedeuten und »auf der neuen Ebene [der EU] eine Rückkehr zum alten Modell des souveränen Staates westfälischen Typs«, der als Konzept für die Sicherung des Friedens gescheitert ist.[145]

Krieg steht immer am Anfang, am Anfang von Nationalstaaten, auch am Anfang von Bundesstaaten und schließlich historisch gesehen genauso am Anfang der europäischen Integration. Aber die Europäische Union, von der Europäischen Gemeinschaft für Kohle und Stahl über die Europäische Wirtschaftsgemeinschaft und die Europäische Gemeinschaft, hat einen »historisch gänzlich unerprobten Weg« beschritten, nämlich die Einbindung der Nationalstaaten in ein demokratisch legitimiertes Recht. Einer der Mitverfasser des deutsch-französischen Berichts der Gruppe der Zwölf bemerkte schon vor einigen Jahren, in Diskussionen über Narrative zur EU werde oft die Haltung vertreten, dass die Friedensidee nach so vielen Jahren des Friedens in der europäischen Integration nicht mehr trage. Der Autor hält die Verbindung von Rechtsgemeinschaft und Friedensidee nach wie vor für die Grundlage einer zukunftsgerichteten Integration, in »diesen Zeiten einer weltweit wirksamen Zeitgeistströmung wider das Recht und wider die Rationalität vielleicht mehr denn je«.[146]

Ausblick

Was politische Kulturen anbelangt, scheinen sich auf der Nordhälfte der Welt drei politische Kristallisationspunkte herauszubilden, für deren Kennzeichnung sich zunächst der Begriff der Freiheit anbietet. Die Freiheitsperspektive und ihre spätere Umsetzung in der Nation ist von Europa ausgegangen; Kolonialismus und Imperialismus haben den Nationalstaat weltweit durchgesetzt. Aber diese Perspektive hat unterschiedliche Entwicklungen erfahren. Während die Französische Revolution Freiheit mit Gleichheit verbunden hat, finden sich heute in den beiden anderen politischen Kristallisationspunkten abgewandelte Tendenzen, nämlich Freiheit ohne Gleichheit in den Vereinigten Staaten und Gleichheit ohne Freiheit in der Volksrepublik China. Dabei ist ausdrücklich nur von Tendenzen die Rede – so holzschnittartig kann die Welt nicht eingeteilt werden.

Die transatlantische Differenz in Bezug auf die Gleichheit zeigt sich vor allem darin, dass alle europäischen Staaten ein System der sozialen Sicherheit aufgebaut haben, wenn auch in unterschiedlicher Ausprägung. Das wäre in den Vereinigten Staaten bis heute nicht denkbar, was sich in den letzten Jahren in der Kontroverse um die Einführung einer allgemeinen Krankenversicherung eindrücklich bestätigt hat. Umgekehrt steht beim dritten politischen Kristallisationspunkt China die Gleichheit so stark im Vordergrund, dass sie weitgehend auf Kosten der persönlichen Freiheit des Individuums geht.[147]

Legt man den Maßstab Demokratie an, erscheint die Zuordnung zunächst klar, indem zwei dieser Kristallisationspunkte das Kriterium erfüllen und einer nicht. Ein Blick auf die politischen Kulturen der beiden demokratischen Orientierungen zeigt allerdings, dass die US-Demokratie zurzeit in einer grundlegenden Weise erschüttert wird, wie dies in Europa aufgrund der europäischen Integration schwer vorstellbar wäre. Dennoch wollen einige Stimmen bei einer Beschränkung der Sicht auf das Kriterium der Demokratie keine oder noch keine transatlantische Differenz sehen. Schließlich ist zu ergänzen, dass sich die Staaten auf der Südhälfte der Welt diesen politischen Kristallisationspunkten unterschiedlich zuordnen und auch eigene Vorstellungen entwickeln, womit sie zunehmend ins Geschehen eingreifen.[148]

Es mag erstaunen, dass in diesem Bild Russland nicht auftaucht. Die meisten Kommentare führen das durch nichts zu rechtfertigende Verhalten des russischen Diktators auf ein Ressentiment aufgrund des verlorenen Kalten Krieges zurück. Was die Ukraine anbelange, gehe es ihm darum, das Entstehen eines demokratisch verfassten Staates in seiner unmittelbaren Nachbarschaft zu verhindern, weil dies seine Machtstellung gefährden könnte. Auslöser für die Aggression gegen die Ukraine war offensichtlich deren zunehmende Westorientierung.

Dass Russland unter seiner derzeitigen Führung die Europäische Union und ihre demokratischen Errungenschaften als Bedrohung wahrnimmt, steht außer Frage; so erklären sich auch die Destabilisierungsversuche gegenüber der Union über russlandfreundliche Parteien und ganze Mitgliedstaaten wie Ungarn. Ein Regierungschef wird sinngemäß mit dem Ausspruch zitiert, im Europäischen Rat vom Dezember 2023 hätte man meinen können, mit dem ungarischen Regierungschef nehme Putin am Gipfel teil. Die Entscheidung über die Aufnahme von Beitrittsverhandlungen mit der Ukraine und mit der Republik Moldau bringt eine erste Klarheit und ist ein wichtiger Schritt.

Trotz der Zuspitzung der Lage kann aus diesem Konflikt aber nicht die Schlussfolgerung gezogen werden,

Russland stelle einen eigenen politischen Kristallisationspunkt im Sinne der drei oben genannten auf der nördlichen Hälfte der Welt dar. Russland versucht sich zwar neu zu positionieren, aber es will eigentlich nichts anderes als das Rad der Zeit zurückdrehen, um Zustände zu erreichen, die es in Europa auch schon gegeben hat, teils im letzten, teils in früheren Jahrhunderten. Aber es ist das europäische Rad, das hier zurückgedreht werden soll, also dasselbe Rad, das durch die europäische Integration in den vergangenen Jahrzehnten vorwärtsgedreht wurde. In den Vereinigten Staaten und in China bewegen sich jedoch andere Räder als dasjenige, das Europa auf seinem Weg in Schwung gebracht hat.

Hier soll auf die Distanzanforderungen im transatlantischen Verhältnis zurückgekommen werden, was die demokratische Verfasstheit anbelangt. Außer Frage steht, dass die Situation der nächsten Jahre für Europa einfacher zu bewältigen sein wird, wenn die Vereinigten Staaten von einer demokratischen Präsidentschaft geführt werden, verglichen mit einer allfälligen erneuten Präsidentschaft Trumps. Aber auf längere Sicht greift die Analyse tiefer, und die Situation erweist sich letztlich als viel unabhängiger von der Frage, welche Partei den Präsidenten stellt.

Auch hier hängt die Begründung mit dem Verhältnis zwischen Recht und Politik zusammen, allerdings auf der ausschließlich internationalen Ebene und somit in anderer Weise als im Rahmen der europäischen Integration. Völkerrecht beruht darauf, dass Staaten miteinander Verträge abschließen und dadurch einen Souveränitätsverzicht leisten. Dieser bezieht sich nur auf den Gegenstand, der geregelt werden soll, und die Staaten leisten den Verzicht, weil sie sich von der internationalen Regelung einen Vorteil erhoffen. Die Analyse der weltweiten völkerrechtlichen Situation ergibt, dass die Vereinigten Staaten solchen Souveränitätsverzichten äußerst reserviert gegenüberstehen, was im Zusammenhang mit der internationalen Strafgerichtsbarkeit bereits thematisiert worden ist. Um wie viel mehr muss die noch viel weitergehende Souveränitätsteilung, wie sie der Europäischen Union als Basis zugrunde liegt, mit dem US-amerikanischen Selbstverständnis unvereinbar sein.[149]

Wie im vierten Kapitel bereits erwähnt, geht die US-amerikanische Selbstbeschreibung auf eine letztlich religiös begründete Vorstellung von göttlicher Auserwähltheit im US-amerikanischen Verständnis von Nation zurück. Religion ist in Europa vor allem infolge der Französischen Revolution in ihrer Bedeutung stark zurückgedrängt worden, und damit auch die Erinnerung an frühere religiös begründete Vorstellungen von Auserwähltheit, wie sie immerhin während der Zeit der Kreuzzüge noch bestanden hat. Aber dieselbe Revolution hat sich einer abgewandelten Vorstellung von Auserwähltheit dann doch wieder bedient und hat sie auf die Nation übertragen. Nun war es nicht mehr eine göttliche Auserwähltheit, sondern ein nationales Überlegenheitsgefühl, das sich bis zur kriegerischen Aggression entwickelte. Erst die europäische Integration hat auch die Nation von solchen Vorstellungen befreit, sodass sie keine Kriege mehr führen muss, um die eigene Überlegenheit unter Beweis zu stellen. Rückblickend kann jedoch festgestellt werden, dass sich das Gefährliche an der Nation immer sehr nahe an religiösen Vorstellungen befunden hat und immer noch befindet.[150]

Distanz im transatlantischen Verhältnis ist das eine, mit dem dieser Ausblick abgeschlossen werden soll. Das andere ist eine verstärkte europäische Zusammenarbeit in Sachen Verteidigung, wobei die beiden Fragen letztlich miteinander zusammenhängen. Die Zeit, in der sich Europa auf den militärischen Schutz der Vereinigten Staaten verlassen konnte, scheint aus zwei Gründen ihrem Ende entgegenzugehen. Der eine Grund liegt im Westen und in der unaufhaltbaren Umorientierung der USA vom Atlantik zum Pazifik. Der andere Grund liegt im Osten. Schon die Annexion der Krim durch Russland hat Anzeichen dafür aufkommen lassen, dass die Europäische Union ihre weltweit bahnbrechenden Errungenschaften der Friedenssicherung notfalls auch unter Zuhilfenahme von Mitteln verteidigen muss, die lange als überholt gegolten hatten. Der Krieg in der Ukraine hat dieses Szenario zur Gewissheit werden lassen.[151]

Europa muss seine Verteidigung in die eigenen Hände nehmen, die diesbezügliche Zusammenarbeit stärken und die Kräfte bündeln. Dabei werden die Europäische Union und ihre Mitgliedstaaten eine wichtige Rolle spielen. Die deutsch-französische Zusammenarbeit wird sich möglicherweise gleichgewichtiger entwickeln. Kam Deutschland wegen seiner wirtschaftlichen Vorreiterrolle ein besonderes Gewicht zu, wird Frankreich als einzige Atommacht in der EU in diesem Bereich ebenfalls eine Vorreiterrolle einnehmen. Aber die Bündelung der Kräfte der Verteidigung ist ohne Einbezug des Vereinigten Königreichs undenkbar. So kommen denn institutionell neue Anforderungen auf die EU zu. Sie muss neue Formen finden, mittels derer die Kräfte auch über ihre Grenzen hinaus gebündelt werden können.

In ihrer Entstehungsgeschichte haben die Europäische Union und ihre Vorgängerorganisationen in großem Ausmaß rechtlichen und politischen Innovationsgeist unter Beweis gestellt. Dieser Innovationsgeist hat es ermöglicht, dass Europa einen einzigartigen Weg beschreiten konnte, für den es keine Vorbilder gibt. Der europäische Innovationsgeist wird durch die Notwendigkeit der verstärkten Zusammenarbeit im Bereich der Verteidigung erneut herausgefordert.

Dank

Zu Dank verpflichtet bin ich zunächst Aleida Assmann, die mir den Zugang zur Universität Konstanz vermittelte, wo ich seit 2020 als Gastwissenschaftlerin im Forschungsinstitut Gesellschaftlicher Zusammenhang (FGZ) am Lehrstuhl von Daniel Thym, öffentliches Recht, Europarecht und Völkerrecht, arbeiten kann. Im Juli 2022 nahm ich an den Nymphenburger Gesprächen zur künftigen Entwicklung der EU in München teil. Aufgrund dieser Diskussion konkretisierte sich der Kerngehalt meines Interesses an der EU auf die politische Kultur.

Ein erster diesbezüglicher Text wurde von verschiedenen Gesprächspartnerinnen und -partnern kommentiert, wofür ich sehr dankbar bin, unter anderen den Professoren Christian Calliess in Berlin, Jörg-Paul Müller in Bern, Albrecht Koschorke in Konstanz und Daniel Thym. Besonders wertvoll waren für mich die Rückmeldungen von Claudia Kaufmann, vormals Ombudsfrau der Stadt Zürich. Von Wilhelm Lehmann erhielt ich Hinweise auf Publikationen und Erläuterungen insbesondere zum Europäischen Parlament. Ein besonderer Dank geht an Matthias Oesch, Lehrstuhl öffentliches Recht, Europarecht und Wirtschaftsvölkerrecht an der Universität Zürich, der das fertiggestellte Manuskript auf rechtliche

Fragen im Zusammenhang mit der EU hin durchgesehen hat.

Danken möchte ich im weiteren Petra Rogge in Konstanz für viele Diskussionen zur Vertiefung des Verständnisses von Helmuth Plessner und Roger Nordmann für seine Anregungen zur Einleitung. Mein größter Dank geht aber an Christiane Schmidt, Lektorin im Rotpunktverlag, für die politisch versierte, kritische Durchsicht des Manuskripts.

Anmerkungen

1 Zu Jean Monnet und Robert Schuman Franz Knipping, Die »Méthode Monnet« der europäischen Integration. Mythos und Realität, in: Wolfgang Baumann, Ulrich Braukmann und Winfried Matthes, Innovation und Internationalisierung. Festschrift für Norbert Koubek, Wiesbaden 2010, S. 364–379; Gilles Grin, Shaping Europe. The Path to European Integration according to Jean Monnet, Lausanne 2017, S. 33 f.; Hans Maier, Der Mann, der Europa entworfen hat. Ohne Robert Schuman gäbe es keine Europäische Union. Heute gehört er zu den großen Vergessenen der Nachkriegsgeschichte, in: Neue Zürcher Zeitung, 30. Oktober 2021.

2 Zur Kombination der beiden Methoden Claus Dieter Classen, Zur offenen Finalität der europäischen Integration, in: Armin Hatje und Peter-Christian Müller-Graff (Hg.), Europäisches Organisations- und Verfassungsrecht, Baden-Baden 2022, S. 2089–2141, hier S. 2122.

3 Carl-Friedrich Ophüls, Juristische Grundgedanken des Schumanplans, in: Neue Juristische Wochenschrift 4/8 1951, S. 289–292, hier S. 289; Christoph Schönberger, Die Europäische Union als Bund. Zugleich ein Beitrag zur Verabschiedung des Staatenbund-Bundesstaat-Schemas, in: Archiv des öffentlichen Rechts 129 (1) 2004, S. 81–120; Oliver Beaud, Théorie de la fédération, Paris 2007. Zum damaligen Verzicht auf den Begriff der Föderation Christoph Möllers, Die Europäische Union als demokratische Föderation, Köln 2019, S. 20. Gegen die Verwendung des Begriffs Staatenverbund Andreas Haratsch, Peter Schiffauer und Dimitris Th. Tsatsos, Einleitung, in: Dimitris Th. Tsatsos (Hg.), Die Unionsgrundordnung, Handbuch zur Europäischen Verfassung, Berlin 2010, S. 1–9, hier S. 2. Zur Staatlichkeitsdiskussion im Überblick Armin von Bogdandy, Strukturwandel des öffentlichen Rechts. Entstehung und Demokratisierung der europäischen Gesellschaft, Berlin 2022, S. 69 ff.

4 Edouard Dubout, Droit constitutionnel de l'Union européenne, Bruxelles 2021, S. 163 f. Zum Europarecht, Daniel Thym, Zustand und Zukunft der Europarechtswissenschaft in Deutschland, in: Europarecht 6/2015, S. 671–703, hier S. 689 ff. Zu Recht und Politik Christoph Möllers, Freiheitsgrade. Elemente einer liberalen politischen Mechanik, Berlin 2020, S. 207. Zur supranationalen Konstellation Isabelle Ley, Kant versus Locke. Europarechtlicher und völkerrechtlicher Konstitutionalismus im Vergleich, in: Zeitschrift für ausländisches öffentliches Recht und Völkerrecht 2/2009, S. 317–345, hier S. 339.

5 »Nous ne coalisons pas des Etats, nous unissons des hommes«, Rede Jean Monnets, Washington, 30. April 1952, zitiert in: dfi aktuell, Informationen aus dem Deutsch-Französischen Institut Ludwigsburg, Ausgabe 2, 2021, S. 1. Zur Befreiung der Diskussion aus der Denkstruktur Bundesstat versus Staatenbund Christoph Möllers, Verfassungsgebende Gewalt – Verfassung – Konstitutionalisierung, in: Armin von Bogdandy und Jürgen Bast (Hg.), Europäisches Verfassungsrecht, Heidelberg 2009, S. 227–277, hier S. 247.

6 Jiri Zemanek, Gesetzgebung. Zuständigkeiten, Organe und Verfahren, in: Tsatsos, Anm. 3, S. 409–420, hier S. 416. Zur Interpretation der Präambel Claus Dieter Classen, Anm. 2, S. 2118; Christian Calliess und Moritz Hartmann, Zur Demokratie in Europa. Unionsbürgerschaft und europäische Öffentlichkeit, Tübingen 2014, S. 67.

7 Ernest Gellner, Nationalismus und Moderne (1983), Berlin 1991, S. 67; Gellner weist darauf hin, dass die kolonisierenden Nationen an Industrie und Handel interessiert waren und nicht in erster Linie an militärischen Eroberungen.

8 Hagen Schulze, Staat und Nation in der europäischen Geschichte, München 1995, S. 171 f.; Jürgen Habermas, Die Einbeziehung des Anderen. Studien zur politischen Theorie, Frankfurt a. M. 1996, S. 136 f.; Caspar Hirschi, Wettkampf der Nationen. Konstruktion einer deutschen Ehrgemeinschaft an der Wende vom Mittelalter zur Neuzeit, Göttingen 2005, S. 20, 41, 44; Albrecht Koschorke, Susanne Lüdemann, Thomas Frank und Ethel Matala de Mazza, Der fiktive Staat. Konstruktionen des politischen Körpers in der Geschichte Europas, Frankfurt a. M. 2007, S. 227 ff., 259 ff.; die erwähnte Lücke beschreiben die Autoren anhand der Kritik des britischen Philosophen Edmund Burke an der französischen Revolution.

9 Zum Nationalstaat als Versprechen von demokratischer Beteiligung Dieter Langewiesche, Der gewaltsame Lehrer. Europas Kriege in der Moderne, München 2008, S. 151 ff., 181 f.; der Autor misst der Nation sogar eine Bedeutung als »Gleichheitsvehikel« zu.

10 Ders., Reich, Nation, Föderation. Deutschland und Europa, München 2008, S. 151 ff., 181 f.; der Autor unterscheidet zwischen einer transformierenden, einer unifizierenden und einer sezessionistischen Entstehungsweise von Nationalstaaten und bringt alle drei Typen mit Gewalt in Verbindung.

11 Gellner, Anm. 7, S. 146 ff.

12 Timothy Snyder, Der Weg in die Unfreiheit. Russland, Europa, Amerika, München 2018, S. 84 ff. Zu einer ähnlichen Aussage für England und Frankreich Peter Koslowski und Rémi Brague, Vaterland Europa. Europäische und nationale Identität im Konflikt, Wien 1997, S. 63.

13 Norbert Mappes-Niediek, Europas geteilter Himmel. Warum der Westen den Osten nicht versteht, Berlin 2021, S. 59, 63 ff.; als Staatsideologien werden die römisch-katholische Reichsidee, die weltumspannende Mission des Sultans und das religiös verbrämte Cäsarentum des Zaren genannt.

14 Jörn Leonhard, Labile Loyalitäten. Über nationale Integration in der europäischen Geschichte, in: Anthony B. Atkinson, Peter M. Huber, Harold James und Fritz W. Scharpf (Hg.), Nationalstaat und Europäische Union. Eine Bestandsaufnahme, Baden-Baden 2016, S. 15–38, hier S. 23; Martin Aust, Andreas Heinemann-Grüder, Angelika Nussberger und Ulrich Schmid, Osteuropa zwischen Mauerfall und Ukrainekrieg. Besichtigung einer Epoche, Berlin 2022, S. 16 f.

15 Zur breiten Palette der imperialistischen Denkstrukturen in Europa Dag Nikolaus Hasse, Was ist europäisch? Zur Überwindung kolonialer und romantischer Denkformen, Ditzingen 2021, S. 12 ff.

16 Andreas Niederberger und Emanuel Richter, Einleitung zum Themenheft »Republikanismus«, in: dies. (Hg.), Zeitschrift für politische Theorie 5 (1) 2014, S. 3–9, hier S. 4. Zum Verhältnis zwischen Liberalismus und republikanischem Gedankengut Daniel Thym, Staatsvolk, Migration, Nation, in: Uwe Kischel und Hanno Kube, Handbuch des Staatsrechts, Bd. I: Grundlagen, Wandel und Herausforderungen, Neuausgabe, Heidelberg 2023, S. 483–521, hier S. 514; Möllers, Anm. 4, S. 64; der Autor tendiert dazu, den Republikanismus als dem Liberalismus zugehörig zu betrachten.

17 Möllers, Anm. 4, S. 111 f. Zur damaligen Bedeutung von Solidarität Gret Haller, Artikel 13: Die Gleichheit der Menschen – und ihr Verhältnis zur Brüderlichkeit, in: Sylvia Schraut, Peter Steinbach, Wolfgang M. Gall und Reinhold Weber (Hg.), Menschenrechte und Geschichte. Die 13 Offenburger Forderungen des Volkes von 1847, Stuttgart 2015, S. 271–281, hier S. 271, 273 f.

18 Jacob Burckhardt, Geschichte des Revolutionszeitalters, Werke. Kritische Gesamtausgabe, Bd. 28, hg. von Wolfgang Hardtwig, Simon Kießling, Bernd Klesmann, Philipp Müller und Ernst Ziegler, München, Basel 2009, S. 1–26, hier S. 19; Möllers, Anm. 4, S. 68.

19 Gret Haller, Menschenrechte ohne Demokratie? Der Weg der Versöhnung von Freiheit und Gleichheit, Berlin 2012, S. 63 ff., 107 ff.; Susan Buck-Morss, Hegel und Haiti. Für eine neue Universalgeschichte, Berlin 2011, S. 58 ff.; die Autorin thematisiert auch die Ausblendung dieser Vorgänge in der europäischen Geschichtsschreibung.

20 Zu den Begriffen Bourgeois und Citoyen Calliess und Hartmann, Anm. 6, S. 23 ff.

21 Hans-Jürgen Bieling und Martin Grosse Hüttmann, Europäische Staatlichkeit. Zwischen Krise und Integration, Wiesbaden 2016, S. 18.

22 Möllers, Anm. 3, S. 23. Zur politischen Ausrichtung der EGKS Franz C. Mayer, Die Europäische Union als Rechtsgemeinschaft – ein überholtes Narrativ?, in: Claudio Franzius, Franz C. Mayer und Jürgen Neyer (Hg.), Die Neuerfindung Europas. Bedeutung und Gehalte von Narrativen für die europäische Integration, Baden-Baden 2019, S. 111–130, hier S. 115.

23 Christoph Möllers und Linda Schneider, Demokratisierung in der Europäischen Union, Berlin 2018, S. 21. Zum dualen Konzept der demokratischen Legitimation, Calliess und Hartmann, Anm. 6, S. 80 ff. Von einem komplexen System des »dualisme démocratique« spricht Dubout, Anm. 4, S. 290. Zur mangelnden Gleichwertigkeit der beiden Legitimationsstränge Peter M. Huber, Die parlamentarische Kontrolle supranationaler Herrschaftsgewalt, in: Bitburger Gespräche, Bd. 61, Jahrbuch 2018, München 2019, S. 31–64, hier S. 34.

24 Zur Rolle des EuGH Sonja Buckel, Staatsprojekt Europa, in: Politische Vierteljahresschrift 52/4 2011, S. 636–662, hier S. 650 ff.

25 Armin von Bogdandy und Jochen von Bernstorff, Die Europäische Agentur für Grundrechte in der europäischen Menschenrechtsarchitektur und ihre Fortentwicklung durch den Vertrag von Lissabon, in: Gret Haller, Klaus Günther und Ulfrid Neumann (Hg.), Menschenrechte und Volkssouveränität in Europa. Gerichte als Vormund der Demokratie?, Frankfurt a. M., New York 2011, S. 242–275, hier S. 267. Zur Umwandlung nationaler in europäische Demokratien Claudio Franzius, Recht und Politik in der transnationalen Konstellation, Frankfurt a. M., New York 2014, S. 19.

26 Helmuth Plessner, Nachwort zu Ferdinand Tönnies (1955), in ders., Politik – Anthropologie – Philosophie. Aufsätze und Vorträge, hg. von Salvatore Giammusso und Hans-Ulrich Lessing, München 2001, S. 177–183, hier 177 ff.

27 Ders., Grenzen der Gemeinschaft. Eine Kritik des sozialen Radikalismus (1924), Frankfurt a. M. 2001, S. 43. Zum biografischen Hintergrund Walter Sprondel, Stationen auf dem Weg zur Philosophie als Beruf. Von Wiesbaden über Heidelberg und Erlangen nach München, in: Tilmann Allert und Joachim Fischer (Hg.), Plessner in Wiesbaden, Wiesbaden 2014, S. 77–88, hier S. 86 ff. Zur Politisierung des Gemeinschaftsgedankens Helmuth Plessner, Selbstdarstellung (1960), in: Gesammelte Schriften, Bd. X, Schriften zur Soziologie und Sozialphilosophie, Frankfurt a. M. 1985, S. 302–343, hier S. 322 f.

28 Ders. 1924, Anm. 27, S. 48 ff.; Joachim Fischer, Plessners »Grenzen der Gemeinschaft«, in: Exzentrische Positionalität. Studien zu Helmuth Plessner, Weilerswist 2016, S. 215–223, hier S. 252.

29 Katharina Peetz, Ferdinand Tönnies und Helmuth Plessner, in: Lucia Scherzberger (Hg.), Gemeinschaftskonzepte im 20. Jahr-

hundert. Zwischen Wissenschaft und Ideologie, Darmstadt 2022, S. 17–44, hier S. 34 ff.; Plessner 1924, Anm. 27, S. 40 f., 80. Zum Takt bei Plessner Petra Rogge, Der aufeinander einspielende Takt. Hüter leiblicher Würde, Darmstadt 2021, S. 6 f., 11 ff.

30 Zur Bedeutung von Rollen Helmuth Plessner, Das Problem der Öffentlichkeit und die Idee der Entfremdung (1960), in: Gesammelte Schriften, Bd. X, Anm. 27, S. 212–226, hier S. 223. Zur Bedeutung von Masken, sozialer Rolle und menschlicher Natur ebd., S. 227–240, hier S. 232.

31 Uwe Volkmann, Von Ursprung und Ziel der Europäischen Union. Die Perspektive der Rechtswissenschaft, in: Gregor Kirchhof, Hanno Kube und Reiner Schmidt (Hg.), Von Ursprung und Ziel der Europäischen Union. Elf Perspektiven, Tübingen 2017, S. 57–73; der Autor bezieht sich nur auf Tönnies und nicht auf Plessners Schrift, umso erstaunlicher ist seine abschließende Feststellung. Franzius, Anm. 25, S. 175; der Autor hält fest, dass Gemeinschaftsdenken auch in der Frage der Demokratisierung transnationaler Räume nicht weiterführe.

32 Claudio Franzius, Das »Wir der Anderen« in Europa. Wer ist das demokratische Subjekt in der Europäischen Union?, in: ders. und Tine Stein (Hg.), Recht und Politik. Zum Staatsverständnis von Ulrich K. Preuß, Baden-Baden 2015, S. 171–192, hier S. 175. Zur staatsbürgerlichen Solidarität unter Fremden Jürgen Habermas, Die postnationale Konstellation, Frankfurt a. M. 1998, S. 154. Zu den erstarrenden Grenzen Koschorke et al., Anm. 8, S. 263 ff.

33 Koen Lenaerts, Die Werte der Europäischen Union in der Rechtsprechung des Gerichtshofes der Union. Eine Annäherung, in: Europäische Grundrechte-Zeitschrift 44/ 2017, S. 639–642, hier S. 640. Zum Anderssein Franzius, Anm. 25, S. 294.

34 Möllers und Schneider, Anm. 23, S. 23 f. Zur Rechtsunion ebd., S. 642. Zur politischen Union Buckel, Anm. 24, S. 646.

35 Zum Systemvertrauen Franzius, Anm. 25, S. 294. Zum systemischen Defizit Claudio Franzius, Der Kampf um Demokratie in Polen und Ungarn. Wie kann und soll die Europäische Union reagieren?, in: Die öffentliche Verwaltung 71/2018, S. 381–388, hier S. 384. Zum Blick über die Grenzen als grenzüberschreitendes Verfassungsinteresse Ingolf Pernice, Unionsgrundordnung und die europäische Verfassungsperspektive, in: Peter Brandt, Andreas Haratsch und Hans-Rüdiger Schmidt (Hg.), Verfassung – Parteien – Unionsgrundordnung. Gedenksymposion für Dimitris Th. Tsatsos. Erträge des Symposions des Dimitris-Tsatsos-Instituts für Europäische Verfassungswissenschaften an der FernUniversität in Hagen am 6. und 7. Mai 2011, Berlin 2015, S. 177–184, hier S.183. Zur politischen Dynamisierung durch Infragestellungen Sigrid Boysen, Das geeinte Europa der »ever closer union« und ein neues Narrativ differenzier-

ter Integration?, in: Franzius, Mayer und Neyer, Anm. 22, S. 147–178, hier S. 178.

36 Heinz Kleger, Demokratisches Regieren. Bürgersouveränität, Repräsentation und Legitimation, Baden-Baden 2018, S. 209 ff.; die Begriffe »Marktbürger« und »Citoyen« werden vom Autor so nicht verwendet, vielmehr unterscheidet er zwischen politisch und privat.

37 Kleger, Anm. 36, S. 211 f. Zu Eigensinn und Dissens Andreas Zielcke, Nationalismus als »Fremdkörper im Nationalstaat«, in: Süddeutsche Zeitung, 9. Juni 2016.

38 Zur transnationalen Verschränkung von Recht und Politik Franzius, Anm. 25, S. 295.

39 Zur individuellen Legitimation Thorsten Kingreen, Grundfreiheiten und Grundrechte, in: Claudio Franzius, Franz C. Mayer und Jürgen Neyer (Hg.), Strukturfragen der Europäischen Union, Baden-Baden 2010, S. 218–230, hier S. 219 ff.

40 Aus französischer Perspektive spricht Dubout vom »sujet-citoyen européen«, was die beiden Seiten einer Medaille beschreibt; Dubout, Anm. 4, S. 478. Zu den Voraussetzungen für die Akzeptanz von Recht Ingolf Pernice, Zur Finalität Europas, in: Gunnar Folke Schuppert, Ingolf Pernice und Ulrich Haltern (Hg.), Europawissenschaft, Baden-Baden 2005, S. 743–792, hier S. 771 f. Zur Identifikation mit dem europäischen Projekt von Bogdandy, Anm. 3, S. 166.

41 Gabriele Abels und Gabriele Wilde, Parlamentarismus und Zivilgesellschaft als Strategien für eine politische Öffentlichkeit, in: Hans-Jürgen Bieling und Martin Grosse Hüttmann (Hg.), Europäische Staatlichkeit. Zwischen Krise und Integration, Wiesbaden 2016, S. 259–280, hier S. 269. Zur Bürgerbeteiligung Kleger, Anm. 36, S. 458, 462. Zu den Forderungen EU-feindlicher populistischer Bewegungen kann hier ergänzt werden: Diese dürften sich auch an der direkten Demokratie in der Schweiz orientiert haben, die von der ältesten EU-feindlichen populistischen Partei Europas anfänglich erfolgreich benutzt wurde. Später wurden Methoden und Mittel gefunden, der mehrheitlichen Gegenposition in Abstimmungskämpfen zum Durchbruch zu verhelfen. Zur Konferenz zur Zukunft Europas www.consilium.europa.eu/de/policies/conference-on-the-future-of-europe (Zugriff 7. Februar 2024)

42 Zur Bedeutung von Kriegen für die Nationalstaatenbildung Dieter Langewiesche, Föderalstaatliche Traditionen und europäische Entwicklungsperspektiven, in: Atkinson et al., Anm. 14, S. 39–53, hier S. 40 ff.

43 Zu den Balkankriegen Langewiesche, Anm. 9, S. 412.

44 Zur humanitären Intervention ebd., S. 413 ff.

45 Zur Regel und ihrer Durchbrechung ders., Anm. 42, S. 41 f.

46 Ders., Anm. 10, S. 193.

47 Joseph H. H. Weiler, In defence of the status quo. Europe's constitutional Sonderweg, in: ders. und Marlene Wind, European Constitutionalism beyond the state, Cambridge 2003, S. 7–23, hier S. 19.

48 Zielcke, Anm. 37. Zu den gespaltenen Gesellschaften Möllers, Anm. 4, S. 112. Zum Kollektivkörper Claudio Franzius, Narrative für Europa?, in: Franzius, Mayer und Neyer, Anm. 22, S. 9–20, hier S. 20, mit Bezug auf Koschorke et al., Anm. 8, S. 386.

49 Zur unpathetischen Alltäglichkeit Albrecht Koschorke, Auf der Suche nach dem verlorenen Europa-Narrativ, in: Franzius, Mayer und Neyer, Anm. 22, S. 21–32, hier S. 31.

50 Franzius, Anm. 48, S. 13; Mappes-Niediek, Anm. 13. Zu den Grundlagen des Europarechts im Verfassungsrecht der Mitgliedstaaten Franz C. Mayer und Mattias Wendel, Die verfassungsrechtlichen Grundlagen des Europarechts, in: Hatje und Müller-Graff, Anm. 2, S. 131–259, hier S. 185 ff.

51 Möllers und Schneider, Anm. 23, S. 18. In Deutschland bedeutet der Begriff »föderal« eine dezentrale Struktur, im Englischen bezeichnet »federal« hingegen eine mehr zentralisierte Struktur; Möllers, Anm. 3, S. 20. Dubout spricht von einer »Union fédérative des États«. Im Entwurf des Vertrags über eine Verfassung für Europa war der Begriff der »fédération« zunächst enthalten, wurde aber in einer späteren Fassung aus den erwähnten Gründen fallengelassen; Dubout, Anm. 4, S. 67 f.

52 Dubout spricht von einer »forme d'européanisation de la vie politique des États membres«; ders., Anm. 4, S. 292. Zum permanenten Aushandlungsprozess Möllers, Anm. 3, S. 20 f.; Dubout, Anm. 4, S. 44. Zur Schwebelage, die durch die Überwindung des Souveränitätsdenkens entsteht, Schönberger, Anm. 3, S. 119; Oliver Beaud, Föderalismus und Souveränität. Bausteine zu einer verfassungsrechtlichen Lehre der Föderation, in: Der Staat 1/1996, S. 45–66, hier S. 66; der Autor geht davon aus, in der Bestimmung der Natur einer Föderation könne der Begriff der Souveränität ganz vermieden werden; Christian Calliess, Die neue Europäische Union nach dem Vertrag von Lissabon. Ein Überblick über die Reformen unter Berücksichtigung ihrer Implikationen für das deutsche Recht, Tübingen 2010, S. 71 f.; im Staatenverbund der EU könne Souveränität nur gemeinsam durch die Union und die Mitgliedstaaten in den Blick genommen werden.

53 Möllers und Schneider, Anm. 23, S. 22; Autorin und Autor äußern sich kritisch zur Mehrheitsbeschaffung im Minister- und im Europäischen Rat; Christoph Möllers, Demokratische Ebenengliederung, in: Ivo Appel, Georg Hermes und Christoph Schönberger (Hg.), Öffentliches Recht im offenen Staat. Festschrift für Rainer Wahl

zum 70. Geburtstag, Berlin 2011, S. 759–778, hier S. 777; der Autor erklärt, zur horizontalen Vernetzung im Europäischen Parlament sei schon vor Jahren eine Politisierung und Denationalisierung festgestellt worden, indem sich die Mitglieder nicht mehr vor allem als Vertreter ihrer Herkunftsstaaten sähen, sondern als Zugehörige ihrer Parteienfamilien.

54 Zu den unterschiedlichen Wegen, welche die Mitgliedstaaten beschritten haben, Mayer und Wendel, Anm. 50, S. 185 ff. In die französische Verfassung wurde ein Titel XV eingefügt, der als »constitution européenne de la France« bezeichnet wird; Dubout, Anm. 4, S. 202. In Deutschland wird aus Artikel 23 des Grundgesetzes die Integrationsverantwortung abgeleitet; Huber, Anm. 23, S. 46 ff.; Markus Kotzur, Völkerrechtliche Grundlagen der Europäischen Union, in: Hatje und Müller-Graff, Anm. 2, S. 297–313, hier S. 313; der Autor erwähnt im Zusammenhang mit dem hinzukommenden Europarecht eine völkerrechtliche Hintergrundverfassung der Union.

55 Dubout, Anm. 4, S. 13, 479; Claudio Franzius, Transnationalisierung der Demokratie? Recht und Politik in der Europäischen Union, in: Nabila Abbas, Annette Förster und Emanuel Richter (Hg.), Supranationalität und Demokratie. Die Europäische Union in Zeiten der Krise, Heidelberg 2015, S.153–183, S. 157 ff. Zum Begriff des transnationalen Gemeinwesens Peter-Christian Müller-Graff, Die Europäische Union als Rechtsgemeinschaft, in: ders., (Hg.), Kernelemente der europäischen Integration, Baden-Baden 2020, S. 39–66, S. 39 ff.

56 Möllers, Anm. 3, S. 44. Zur Vorgeschichte des heutigen Artikel 50 des EU-Vertrags Christoph Möllers, Im Übergang. Institutionelle Bedingungen sogenannter EU-Skepsis, in: Mittelweg 36, Zeitschrift des Hamburger Instituts für Sozialforschung 31/1 2022, S. 17–37, hier S. 31 ff.

57 Armin von Bogdandy und Stephan Schill, Die Achtung der nationalen Identität unter dem reformierten Unionsvertrag. Zur unionsrechtlichen Rolle nationalen Verfassungsrechts zur Überwindung des absoluten Vorrangs, in: Zeitschrift für ausländisches öffentliches Recht und Völkerrecht 70/2010, S. 701–734, hier S. 715. Zu den Grenzen der Identitätsgarantie Ingolf Pernice, Der Schutz nationaler Identität in der Europäischen Union, in: Archiv des öffentlichen Rechts 136 (2) 2011, S. 185–221, hier S. 194 ff.

58 Dubout, Anm. 4, S. 49 ff.; Thomas Wischmeyer, Nationale Identität und Verfassungsidentität. Schutzgehalte, Instrumente, Perspektiven, in: Archiv des öffentlichen Rechts 140 (3) 2015, S. 415–460, hier S. 448 f. Zum Schutz der Unionsbürger Thomas von Danwitz, Einheitliche Auslegung und Vorrang des Unionsrechts im Dialog der Gerichte, Verfassungsblog.de, 27. Oktober 2022, These 4.

59 Ingolf Pernice, La Rete Europea di Constituzionalità. Der Europäische Verfassungsverbund und die Netzwerktheorie, in: Zeitschrift für ausländisches öffentliches Recht und Völkerrecht 70/2010, S. 51–71, hier S. 70 f. Zur fehlenden Hierarchie Christian Calliess, Vorrang des Unionsrechtes und Kompetenzkontrolle im europäischen Verfassungsgerichtsverbund. Zuständigkeiten und Reformen zwischen BVerfGer und EuGH im Lichte des Vertragsverletzungsverfahrens der EU-Kommission, in: Neue Juristische Wochenschrift 39/2021, S. 2845–2851, hier S. 2847 ff. Zum Gewaltmonopol Pernice, Anm. 57, S. 190 ff.

60 Weiler, Anm. 47, S. 21.

61 Bogdandy, Anm. 3, S. 193.

62 Pernice, Anm. 57, S. 213.

63 Mayer und Wendel, Anm. 50, S. 288. Zum Ort der Identitätsdebatte Pernice, Anm. 57, S. 213. Zum Anwendungsvorrang Calliess, Anm. 59, S. 2846 f. Zum Dialog des EuGH mit nationalen Gerichten von Danwitz, Anm. 58, These 7; Ingolf Pernice, Die Normativität der Europäischen Verfassung. Wunschdenken oder Wegweisung der Zukunft? in: Julian Krüper, Mehrdad Payandeh und Heiko Sauer (Hg.), Konrad Hesses normative Kraft der Verfassung, Tübingen 2019, S. 165–224, hier S. 189 ff.

64 Die Umschreibung der drei Hauptströmungen vor dem Brexit findet sich bei Luuk van Middelaar, Vom Kontinent zur Union. Gegenwart und Geschichte des vereinten Europa, Bonn 2017, S. 17.

65 Peter M. Huber, Europa am Scheideweg – zur Notwendigkeit einer realistischen und nachhaltigen Fortentwicklung der Europäischen Union, deutschen »Hausaufgaben« und der Bedeutung eines Narrativs, in: Franzius, Mayer und Neyer, Anm. 22, S. 215–233, hier S. 222. Zur tatsächlichen Autorität von Recht im sozialen Zusammenleben Müller-Graff, Anm. 55, S. 54; der Autor bedauert, dass innerhalb der Union die rechtskulturwissenschaftlich vergleichende Ebene bislang zu wenig systematische Aufmerksamkeit gefunden habe.

66 Möllers, Anm. 3, S. 21 f. Zum Fernhalten des Rechts von der Politik Franzius, Anm. 48, S. 13 f.

67 Mayer, Anm. 22, S. 123.

68 Zur wechselseitigen Inbezugnahme Franzius, Anm. 48, S. 17.

69 Alle Zitate Ulrich K. Preuß, Das Politische im Europarecht, in: Franzius, Mayer und Neyer, Anm. 39, S. 325–339, hier S. 328. Zur französischen Sicht Möllers, Anm. 3, S. 23.

70 Zu den Anfängen des Machtzuwachses des europäischen Rates ausführlich Middelaar, Anm. 64, S. 173 ff. Zur EU als Präsidialregime Mayer, Anm. 22, S. 121 f. Zum französischen Präsidialsystem Dubout, Anm. 4, S. 291.

71 Christoph Möllers, Die drei Gewalten. Legitimation der Gewaltengliederung in Verfassungsstaat, Europäischer Integration und Internationalisierung, Weilerswist 2008, S. 37. Zu den unterschiedlichen Traditionen Armin von Bogdandy, Jenseits der Rechtsgemeinschaft. Begriffsarbeit in der europäischen Sinn- und Rechtsstaatlichkeitskrise, in: Europarecht 4/2017, S. 487–511, hier S. 506. Zu Frankreich Stefan Kadelbach, Die rechtsstaatliche Einbindung der europäischen Wirtschaftsverwaltung, in: Jürgen Schwarze (Hg.), Die rechtsstaatliche Einbindung der europäischen Wirtschaftsverwaltung, Europarecht, Beiheft 2/2002, S. 7–28, hier S. 11; Müller-Graff, Anm. 55, S. 49; der Autor erwähnt die »24fach unterschiedliche sprachliche Gewandung« des Prinzips der Rechtsstaatlichkeit in den mitgliedstaatlichen Rechtsordnungen.

72 Von Bogdandy, Anm. 3, S. 201.

73 Claus Dieter Classen, Französisches Grundrechtsverständnis. Kaum Dogmatik, objektiv-rechtliche Traditionen, subjektiv-rechtliche Perspektive?, in: Jahrbuch des öffentlichen Rechts der Gegenwart, N.F., Bd. 68, 2020, S. 213–240, hier S. 240. Zum Nationalsozialismus und insbesondere zum »Begriff des Politischen« bei Carl Schmitt von Bogdandy, Anm. 71, S. 508. Zum Verhältnis Deutschland–Frankreich generell Middelaar, Anm. 64, S. 22 f.

74 Englische Originalfassung des Berichts unter: www.auswaertiges-amt.de/blob/2617206/4d0e0010ffcd8c0079e21329bbbb3332/230919-rfaa-deu-fra-bericht-data.pdf; auf Deutsch unter: www.auswaertiges-amt.de/blob/2627316/386102116ff34689169fb 8df7ef63ec5/230919-deu-fra-bericht-data.pdf; auf Französisch unter: www.institutdelors.eu/wp-content/uploads/2020/11/Version-FR-a-jour-rapport-Franco-Allemand.pdf (Zugriff auf alle drei Dateien 23. Februar 2024). Die Seitenzahlen in den drei Sprachversionen stimmen nicht überein. Im Folgenden wird auf die Seitenzahlen der deutschen Version Bezug genommen.

75 Christian Calliess, Nach der Krise ist vor der Krise. Integrationsstand und Reformperspektiven der Europäischen Union, in: Berliner Online-Beiträge zum Europarecht, Nr. 107, 2015, S. 15 ff.

76 Ders. und Hartmann, Anm. 6, S. 109 ff., 121; Dubout, Anm. 4, S. 91, 96 f. Zu den beiden erwähnten Urteilen des EuGH »van Gend & Loos« und »Costa/ENEL« aus den Jahren 1963 und 1964 Classen, Anm. 2, S. 2110. Zur praktischen Bedeutung der Unionsbürgerschaft ist allerdings anzumerken, dass der EuGH in seiner Auslegung gelegentlich auch zurückbuchstabiert, um die Entwicklung nicht zu überspannen. Angesichts der besonderen Stellung des EuGH im Institutionengefüge der EU sind derartige Korrekturen wohl unumgänglich, wenn der Gerichtshof seine Akzeptanz nicht gefährden will.

77 Calliess und Hartmann, Anm. 6, S. 125 ff.; Dubout, Anm. 4, S. 97; der Autor spricht noch für die neunziger Jahre von »inertie inter-

gouvernementale« in der Umsetzung der Freizügigkeit auch für nichterwerbstätige Familienangehörige.

78 Zur Bedeutung von Völkerrecht innerhalb der EU Kotzur, Anm. 54, S. 321. Zu den hoheitlichen Akten Ley, Anm. 4, S. 339.

79 Isabelle Ley, Verfassung ohne Grenzen? Zur Bedeutung von Grenzen im postnationalen Konstitutionalismus, in: Ingolf Pernice, Benjamin von Engelhardt, Sarah H. Krieg, Isabelle Ley und Osvaldo Saldias (Hg.), Europa jenseits seiner Grenzen. Politologische, historische und juristische Perspektiven, Baden-Baden 2009, S. 91–126, hier S. 96. Zu den hoheitlichen Akten Ley, Anm. 4, S. 339.

80 Zum Fehlen des kosmopolitischen Aspekts Möllers, Anm. 4, S. 237. Zitat aus Ley, Anm. 79, S. 110. Zur Demokratisierbarkeit Franzius, Anm. 35, S. 175.

81 Zu den unterschiedlichen Identitäten Franzius, Anm. 32, S. 177.

82 Zur Unterschiedenheit als Bedingung der Möglichkeit eines funktionierenden politischen Prozesses Möllers, Anm. 56, S. 29; diesem Modell steht die Vorstellung gegenüber, dass es Demokratie nur in einer homogenen sozialen Einheit geben könne.

83 Zum gegenseitigen Vertrauen Dubout, Anm. 4, S. 105 ff.; Franzius, Anm. 25, S. 294 ff. Zur Distanz zu einer Vorstellung übergreifender Einheit ebd., S. 176.

84 Zur Problematik der Narrative Koschorke, Anm. 49, S. 31. Vertieft und zum historischen Vergleich ders., Hegel und wir, Berlin 2015, S. 197 ff.

85 Zur ostmitteleuropäischen Sicht Mappes-Niediek, Anm. 13, S. 76 ff., 125.

86 Zur erwähnten politischen Kultur Möllers und Schneider, Anm. 23, S. 11; die Autoren plädieren für eine stärkere Nutzung des politischen Weges.

87 Fischer, Anm. 28, S. 173.

88 Zu den drei Regimen Dubout, Anm. 4, S. 330; der Autor weist darauf hin, dass das direktoriale Regime nur in der Schweiz umgesetzt worden ist. Zu Frankreich Nina Huthöfer, Politische Führung im Semipräsidentialismus: das Fallbeispiel Frankreich, in: Martin Sebaldt und Hernrik Gast (Hg.), Politische Führung in westlichen Regierungssystemen. Theorie und Praxis im internationalen Vergleich, Wiesbaden 2010, S. 257–280.

89 Bericht, Anm. 74, S. 16.

90 Zur Gewaltenteilung Renaud Dehousse, Quelle union politique en Europe?, in: Fondation Jean Monnet pour l›Europe, Collection débats et documents, Nr. 5, Lausanne 2016, S. 49. Zum Initiativrecht ebd., S. 37.

91 Bericht, Anm. 74, S. 23. Zur Rolle der Parteien Classen, Anm. 2, S. 2119.

92 Der Bericht, Anm. 74, übersetzt den Begriff des Spitzenkandidaten nun mit »candidat de tête« bzw. »lead candidate«. Beim Spitzenkandidaten 2019 der Europäischen Volkspartei (EVP) handelte es sich um den Deutschen Manfred Weber, der heute seiner Parteienfamilie und deren Fraktion im Europäischen Parlament vorsteht.

93 Dubout, Anm. 4, S. 333. Zu den Abläufen im Parlament 2014 Dehousse, Anm. 90, S. 30 ff.

94 Bericht, Anm. 74, S. 16, 31 f.

95 Zitat und Hinweis auf das westfälische Modell Pernice, Anm. 35, S. 183.

96 Zum Selbstfindungsprozess Manfred Stelzer, Die vertikale Kompetenzverteilung, in: Tsatsos, Anm. 3, S. 385–408, hier S. 407. Zur Übernahme mitgliedstaatlicher Vorstellungen Classen, Anm. 2, S. 2119, der vor der »unreflektierten Übernahme nationalstaatlicher Konzepte« warnt.

97 Zu den konkreten Entwicklungen in Ungarn und Polen Peter Schiffauer, Erosion freiheitlicher konstitutioneller Grundwerte in Europa, in: Peter Schiffauer (Hg.), Europa bedroht von innen und von außen? Erträge des Symposions des Dimitris-Tsatsos-Instituts für Europäische Verfassungswissenschaften am 14. und 15. Juni 2019 an der FernUniversität in Hagen, Berlin 2020, S. 77–88, hier S. 82 ff.

98 Bericht, Anm. 74, S. 20; Eric Maurice, Emilie Malivert und Ana Pasturel, L'État de droit en Pologne et la fausse querelle de la primauté du droit européen, Policy paper Fondation Robert Schuman, Question d'Europe Nr. 615, 29. November 2021, S. 3, www.robert-schuman.eu/questions-d-europe/0615-l-etat-de-droit-en-pologne-ou-la-fausse-querelle-de-la-primaute-du-droit-europeen (Zugriff 10. Februar 2024).

99 Zum Haftbefehl Björnstern Baade, Die Rechtsunion und der Konditionalitätsmechanismus, in: Berliner Online-Beiträge zum Europarecht, Nr. 143, 2022, S. 11.

100 Bericht, Anm. 74, S. 19 ff. Zum Konditionalitätsmechanismus Eric Maurice, État de droit. La pari incertain de la conditionalité, Policy paper Fondation Robert Schuman, Question d'Europe Nr. 660, 13. März 2023, S. 7, www.robert-schuman.eu/questions-d-europe/660-etat-de-droit-le-pari-incertain-de-la-conditionnalite (Zugriff 11. Februar 2024).

101 Zur gerichtlichen Auslegung Schiffauer, Anm. 97, S. 86.

102 Möllers und Schneider, Anm. 23, S. 96. Zur gerichtlichen Auslegung.

103 Als linkspopulistische EU-feindliche Bewegung wäre etwa »La France insoumise« zu nennen, die sich 2017 als Partei konstituiert hat.

104 Bericht, Anm. 74, S. 16.

105 Zur gängigen Kritik an der oberen Ebene einer Föderation Möllers, Anm. 56, S. 29.

106 Timothy Garton Ash im Interview, in: Neue Zürcher Zeitung, 18. August 2023; Peter Schiffauer, Nationale und Europäische Identität. Von gesellschaftlicher Wirklichkeit zur wirklichen Gesellschaft?, in: ders. und Krzysztof Lobos (Hg.), Beiträge zu den Wurzeln der europäischen Integration. Ertrag einer deutsch-polnischen wissenschaftlichen Diskussion ein Jahrzehnt nach der Osterweiterung der Europäischen Union, Berlin 2016, S. 57–101, hier S. 77. Das Zitat »Christentum, Familie und nationale Souveränität« stammt wohl von Viktor Orbán, dem ungarischen Regierungschef, in: Süddeutsche Zeitung, 3. April 2021.

107 Zielcke, Anm. 37; der Autor beschreibt auch die Rolle des Regelvertrauens in der Nationalstaatenbildung und das Umschlagen in den Wahn nationaler Einheit, wobei sich auch auf die Familie berufen wird. Zum Krieg als Testfall für Loyalität Leonhard, Anm. 14, S. 27 ff. Zur inkludierenden und exkludierenden Kraft der nationalen Idee Koschorke et al., Anm. 8, S. 263 ff.; Langewiesche, Anm. 9, S. 19 f.

108 Zur ursprünglichen nationalistischen Unterfütterung der Familie, die sich aber einer Europäisierung dennoch nicht verweigern muss, Dubout, Anm. 4, S. 58 f. Zur Identitätspolitik Jan-Werner Müller, Freiheit, Gleichheit, Zusammenhalt – oder: Gefährdet »Identitätspolitik« die liberale Demokratie?, in: Repräsentation – Identität – Beteiligung. Zum Zustand und Wandel der Demokratie, Bonn 2022, S. 346–356, hier S. 348 ff.

109 Hans-Jürgen Bieling, Intergouvernementalismus, in: ders. und Marika Lerch, Theorien der europäischen Integration, Wiesbaden 2012, S. 77–97, hier S. 82 f.; der Autor folgt weitgehend der Analyse des französisch-amerikanischen Politikwissenschaftlers Stanley Hoffmann.

110 Zur Begründung der US-amerikanischen Nation Gret Haller, Die Grenzen der Solidarität. Europa und die USA im Umgang mit Staat, Nation und Religion, Berlin 2002, S. 40 ff. Generell zum US-Religionsbezug Kurt R. Spillmann, Amerikas Ideologie des Friedens. Ursprünge, Formverwandlungen und geschichtliche Auswirkungen des amerikanischen Glaubens an den Mythos von einer friedlichen Weltordnung, Bern, Frankfurt a. M., New York 1984, S. 39 ff.

111 Zum US-nationalen Interesse Haller, Anm. 110, S. 229 ff. Zu Menschenrechten und Strafgerichtsbarkeit ebd., S. 203 ff. Zum Souveränitätsverzicht ebd., S. 90 ff.

112 Bericht, Anm. 74, S. 7. 46 ff. Zum Laizismus Markus Kotzur, Zur politischen Identität europäischer Staaten, in: Dimitris Th. Tsatsos (Hg.), Die Unionsgrundordnung, Handbuch zur Europäischen Verfassung, Berlin 2010, S. 165–180, hier S. 175.

113 Zum hybriden politischen System Bericht, Anm. 74, S. 16, 23.

114 Mappes-Niediek, Anm. 13, S. 83 f.

115 Zur Charakterisierung der beiden Länder Frankreich und Deutschland ebd., S. 83. Zum Verhältnis Deutschland–Frankreich generell Middelaar, Anm. 64, S. 22 f.

116 Huber, Anm. 23, S. 35; der Autor befürchtet, die Deutschen wollten das Europäische Parlament zu einer Kopie des Bundestags machen.

117 Zur Schwierigkeit der Ausbreitung europäischer politischer Kultur Schiffauer, Anm. 106, S. 83 f., der die Schwierigkeit darauf zurückführt, dass diese Kultur auf der Ebene der Medienöffentlichkeit nicht transportiert werde und sich durch persönliche Initiative angeeignet werden müsse.

118 Bericht, Anm. 74, S. 16. Zur polyzentrischen Struktur Classen Anm. 2, S. 2119.

119 Zum Kulturbegriff Wolfgang Reinhard, Kulturelle Gemeinsamkeiten Europas, in: Tsatsos, Anm. 3, S. 99–116, hier S. 100.

120 Zum Verfassungsvertrag Schiffauer, Anm. 106, S. 80 ff. Zur kulturellen Vielfalt Frank Schorkopf, Der europäische Weg. Geschichte und Gegenwart der Europäischen Union, Tübingen 2020, S. 218. Zu Kultur und Identität Kotzur, Anm. 112, S. 169 ff. Zum Vergleich der Nationalstaatenbildung mit der europäischen Integration Reinhard, Anm. 119, S. 100; »Wie sich nicht Nationen ihre Staaten geschaffen haben, sondern Staaten ihre Nationen, so schafft sich nicht Europa seine Organisationsform, sondern eine politische Organisationsform, die EU, schafft sich ihr Europa.«

121 Zu den Bindungskräften Mayer, Anm. 22, S. 123; der Autor weist darauf hin, dass eine Schwächung der nationalen Bindungskräfte – etwa durch Sezessionsbewegungen – in einem Mitgliedstaat immer auch eine Schwächung der Europäischen Union bedeutet. Mappes-Niediek, Anm. 13, S. 76 ff., 125, behandelt die Nationalstaatenbildung in Ostmitteleuropa, deren Ablauf von jener in westeuropäischen Staaten abweichen kann.

122 Zielcke, Anm. 37; der Autor schreibt zur Bedeutung der Zeitachse in der Nationalstaatenbildung: »Demokratischer Nationalstaat ist, so gesehen, ein Konzept zur konzentrierten Bewältigung politisch riskanter Evolution.«

123 Bericht, Anm. 74, S. 7, 45. Zur Freiwilligkeit, die sich im Brexit manifestiert, Mayer, Anm. 22, S. 125.

124 Mappes-Niedieck, Anm. 13, S. 89 ff., 98.

125 Bieling, Anm. 109, S. 85.

126 Schiffauer, Anm. 106, S. 91 f.

127 Pernice, Anm. 40, S. 778 f.

128 Zum Souveränitätsgewinn Kleger, Anm. 36, S. 400 f.

129 Zur Mehrfachidentität hinsichtlich der beiden Ebenen ebd., Anm. 36, S. 409 f. Zum geteilten Bürger Calliess und Hartmann, Anm. 6, S. 66 ff.

130 Zur »Unentrinnbarkeit« Pernice, Anm. 40, S. 763; Dubout, Anm. 4, S. 92 ff.; der Autor erklärt, dass die Zugehörigkeit zu einer nationalen Kollektivität, die auf Ausschluss gegen außen und Vereinheitlichung gegen innen beruhe, als Willkür empfunden werden kann. Zur europäischen Öffentlichkeit Calliess und Hartmann, Anm. 6, S. 144 f.

131 Zu den Bindungskräften Mayer, Anm. 22, S. 123.

132 Preuß, Anm. 69, S. 337 ff.

133 Zur Vergleichbarkeit der Nationenbildung mit der europäischen Integration Reinhard, Anm. 119, S. 100; Calliess und Hartmann, Anm. 6, S. 98; die Autoren sind der Meinung, dass auch jenseits strategischer Markt(zugangs)rechte das Rechts- und Gesellschaftsverständnis der Europäischen Union ein individualistisches sei.

134 Dies gilt nicht für den deutsch-französischen Bericht, Anm. 74. Zwar wurde er in englischer Sprache abgefasst und ins Französische und Deutsche übersetzt, was für die Praxis verständlich ist. Der Ablauf macht lediglich deutlich, dass sowohl in Frankreich als auch in Deutschland die Kenntnis der Sprache des anderen maßgeblichen EU-Gründungsstaates hinter der Kenntnis des Englischen zurücktreten muss. Zu Europa als »Heimat ewiger Übersetzung« Zygmunt Bauman, Europa. Ein unvollendetes Abenteuer, Hamburg 2015, S. 125. Zu den 24 Amtssprachen der EU Schorkopf, Anm. 120, S. 218; Thym, Anm. 4, S. 678 ff.; der Autor zeichnet die historische Entwicklung der Sprachenvielfalt in der EU im Detail nach.

135 Schiffauer, Anm. 106, S. 83 f.

136 Classen, Anm. 2, S. 2119, 2117.

137 Dehousse, Anm. 90, S. 37.

138 Martin Sebaldt, Die Muster politischer Führung in westlichen Regierungssystemen. Empirische Befunde im Vergleich, in: ders. und Gast, Anm. 88, S. 335–361, hier S. 350 ff. Zur Konkordanz Hans-Jürgen Bieling und Martin Grosse Hüttmann, Staatlichkeit in der Europäischen Union. Dynamik und Narrative, in: Gunnar Folke Schuppert (Hg.), Von Staat zu Staatlichkeit. Beiträge zu einer multidisziplinären Staatlichkeitswissenschaft, Baden-Baden 2019, S. 117–146, hier S. 126; Franzius, Anm. 35, S. 187.

139 Zitat zu den Entscheidungsstilen Sebaldt, Anm. 138, S. 351. Zur Kollegialität Dehousse, Anm. 90, S. 36.

140 Zur Bedeutung der Parteien Classen, Anm. 2, S. 2119.

141 Auch in revolutionären Situationen dominiert die Stimmung »Alles oder Nichts«; anders sind Revolutionen nicht denkbar. Beizufügen ist allerdings, dass revolutionäre Entwicklungen auch gleichsam

auf leiseren Sohlen möglich sind. Pernice, Anm. 35, S. 181; der Autor erklärt: »im Blick auf die traditionelle Staatsidee« sei die Entwicklung der Europäischen Union »nicht weniger revolutionär als der Freiheitskampf gegen den Feudalismus und die Allgewalt des Monarchen«.

142 Zum hybriden politischen System Bericht, Anm. 74, S. 23. Zum direktorialen Regime Dubout, Anm. 4, S. 330, der darauf hinweist, dass dieses Regime nur in der Schweiz umgesetzt worden ist. Seine Ausführungen können hier mit einer interessanten Folgeerscheinung ergänzt werden. Die Partei, die als erste in Europa klar EU-feindlich und rechtspopulistisch agierte und die inzwischen zur stärksten Kraft in der Schweiz geworden ist, wird alleinige Regierungsverantwortung nie übernehmen können. Wie in manchen Ländern ist die Akzeptanz des EU-feindlichen Rechtspopulismus auf einer Marke von etwa dreißig Prozent nach oben begrenzt. Eine konkordante Mehrparteienregierung lässt sich auf dieser Grundlage nicht dominieren. Dazu auch Sebaldt, Anm. 138, S. 351. Ein Szenario mit dreißig Prozent Anteil der Alternative für Deutschland in Deutschland oder dreißig Prozent Anteil des Rassemblement national in Frankreich wagt man sich zurzeit nicht vorzustellen. Zu hoffen ist, dass die Union oder eine Nachfolgeorganisation gerade aufgrund ihres hybriden politischen Systems auch ein solches Szenario überdauern kann.

143 Zur Rolle von Kriegen in der Nationalstaatenbildung Langewiesche, Anm. 9, S. 181 f.

144 Ley, Anm. 4, S. 339. Zur Regel und deren Durchbrechung Langewiesche, Anm. 42, S. 42.

145 Bericht, Anm. 74. Zur Warnung vor der Idee eines Bundesstaates Pernice, Anm. 35, S. 183.

146 Mayer, Anm. 22, S. 130. Zum Krieg und zum unerprobten Weg Langewiesche, Anm. 9, S. 421.

147 Zur sozialen Sicherheit in Europa Bauman, Anm. 134, S. 114 ff.

148 Zur demokratischen Erschütterung in den Vereinigten Staaten Christian Weisflog, Kommentar, in: Neue Zürcher Zeitung, 8. Januar 2024, Titelseite; der Autor schreibt: »drei Jahre nach dem Angriff auf die Demokratie scheint Amerika nicht mehr zu wissen, wofür es eigentlich steht.«

149 Zum völkerrechtlichen Souveränitätsverzicht Haller, Anm. 110, S. 172 ff.

150 Zur Bedeutung der Religion ebd., S. 40 ff.

151 Zur Bedeutung der Annexion der Krim im Jahre 2014 Langewiesche, Anm. 42, S. 42.

Literatur

Gabriele Abels und Gabriele Wilde, »Parlamentarismus und Zivilgesellschaft als Strategien für eine politische Öffentlichkeit«, in: Hans-Jürgen Bieling und Martin Grosse Hüttmann (Hg.), *Europäische Staatlichkeit. Zwischen Krise und Integration,* Wiesbaden 2016, S. 259–280

Martin Aust, Andreas Heinemann-Grüder, Angelika Nussberger und Ulrich Schmid, *Osteuropa zwischen Mauerfall und Ukrainekrieg. Besichtigung einer Epoche*, Berlin 2022

Björnstern Baade, »Die Rechtsunion und der Konditionalitätsmechanismus«, in: Berliner Online-Beiträge zum Europarecht, Nr. 143, 2022

Zygmunt Bauman, *Europa. Ein unvollendetes Abenteuer*, Hamburg 2015

Oliver Beaud, *Théorie de la fédération*, Paris 2007

Bericht der Gruppe der Zwölf, *Unterwegs auf hoher See. Die EU für das 21. Jahrhundert reformieren und erweitern*, auf Deutsch unter: www.auswaertiges-amt.de/blob/2627316/386102116ff34689169fb8df7ef63ec5/230919-deu-fra-bericht-data.pdf, auf Französisch unter: www.institutdelors.eu/wp-content/uploads/2020/11/Version-FR-a-jour-rapport-Franco-Allemand.pdf, englische Originalfassung unter: www.auswaertiges-amt.de/blob/2617206/4d0e0010ffcd8c0079e21329bbbb3332/230919-rfaa-deu-fra-bericht-data.pdf (Zugriff 23. Februar 2024)

Hans-Jürgen Bieling, »Intergouvernementalismus«, in: ders. und Marika Lerch (Hg.), *Theorien der europäischen Integration*, Wiesbaden 2012, S. 77–97

Hans-Jürgen Bieling und Martin Grosse Hüttmann (Hg.), *Europäische Staatlichkeit. Zwischen Krise und Integration*, Wiesbaden 2016

Hans-Jürgen Bieling und Martin Grosse Hüttmann, »Staatlichkeit in der Europäischen Union. Dynamik und Narrative«, in: Gunnar Folke Schuppert (Hg.), *Von Staat zu Staatlichkeit. Beiträge zu einer multidisziplinären Staatlichkeitswissenschaft*, Baden-Baden 2019, S. 117–146

Armin von Bogdandy und Stephan Schill, »Die Achtung der nationalen Identität unter dem reformierten Unionsvertrag. Zur unionsrechtlichen Rolle nationalen Verfassungsrechts zur Überwindung des absoluten Vorrangs«, in: *Zeitschrift für ausländisches öffentliches Recht und Völkerrecht* 70/2010, S. 701–734

Armin von Bogdandy und Jochen von Bernstorff, »Die Europäische Agentur für Grundrechte in der europäischen Menschenrechtsarchitektur und ihre Fortentwicklung durch den Vertrag von Lissabon«, in: Gret Haller, Klaus Günther und Ulfrid Neumann (Hg.), *Menschenrechte und Volkssouveränität in Europa. Gerichte als Vormund der Demokratie?*, Frankfurt a. M., New York 2011, S. 242–275

Armin von Bogdandy, *Strukturwandel des öffentlichen Rechts. Entstehung und Demokratisierung der europäischen Gesellschaft*, Berlin 2022

Sigrid Boysen, »Das geeinte Europa der ›ever closer union‹ und ein neues Narrativ differenzierter Integration?«, in: Claudio Franzius, Franz C. Mayer und Jürgen Neyer (Hg.), *Die Neuerfindung Europas. Bedeutung und Gehalte von Narrativen für die europäische Integration*, Baden-Baden 2019, S. 147–178

Susan Buck-Morss, *Hegel und Haiti. Für eine neue Universalgeschichte*, Berlin 2011

Sonja Buckel, »Staatsprojekt Europa«, in: *Politische Vierteljahresschrift* 52/4 2011, S. 636–662

Jacob Burckhardt, *Geschichte des Revolutionszeitalters, Werke. Kritische Gesamtausgabe*, Bd. 28, hg. von Wolfgang Hardtwig, Simon Kießling, Bernd Klesmann, Philipp Müller und Ernst Ziegler, München, Basel 2009, S. 1–26

Christian Calliess, »Bürgerrechte als Ersatz für Demokratie?«, in: Claudio Franzius, Franz C. Mayer und Jürgen Neyer (Hg.), *Strukturfragen der Europäischen Union*, Baden-Baden 2010, S. 231–258

Christian Calliess und Moritz Hartmann, *Zur Demokratie in Europa. Unionsbürgerschaft und europäische Öffentlichkeit*, Tübingen 2014

Christian Calliess, »Nach der Krise ist vor der Krise. Integrationsstand und Reformperspektiven der Europäischen Union«, in: Berliner Online-Beiträge zum Europarecht, Nr. 107, 2015

Christian Calliess, »Vorrang des Unionsrechtes und Kompetenzkontrolle im europäischen Verfassungsgerichtsverbund. Zuständigkeiten und Reformen zwischen BVerfGer und EuGH im Lichte des Vertragsverletzungsverfahrens der EU-Kommission«, in: *Neue Juristische Wochenschrift* 39/2021, S. 2845–2851

Claus Dieter Classen, »Französisches Grundrechtsverständnis. Kaum Dogmatik, objektiv-rechtliche Traditionen, subjektivrechtliche Perspektive?«, in: *Jahrbuch des öffentlichen Rechts der Gegenwart*, N. F., Bd. 68, 2020, S. 213–240

Claus Dieter Classen, »Zur offenen Finalität der europäischen Integration«, in: Armin Hatje und Peter-Christian Müller-Graff (Hg.), *Europäisches Organisations- und Verfassungsrecht*, Baden-Baden 2022, S. 2089–2141

Thomas von Danwitz, »Einheitliche Auslegung und Vorrang des Unionsrechts im Dialog der Gerichte«, in: Verfassungsblog.de, 27. Oktober 2022

Renaud Dehousse, *Quelle union politique en Europe?*, Lausanne 2016

Edouard Dubout, *Droit constitutionnel de l'Union européenne*, Bruxelles 2021

Joachim Fischer, »Plessners ›Grenzen der Gemeinschaft‹«, in: *Exzentrische Positionalität, Studien zu Helmuth Plessner*, Weilerswist 2016, S. 215–223

Claudio Franzius, *Recht und Politik in der transnationalen Konstellation*, Frankfurt a. M., New York 2014

Claudio Franzius, »Das ›Wir der Anderen‹ in Europa. Wer ist das demokratische Subjekt in der Europäischen Union?«, in: ders. und Tine Stein (Hg.), *Recht und Politik. Zum Staatsverständnis von Ulrich K. Preuß*, Baden-Baden 2015, S. 171–192

Claudio Franzius, »Der Kampf um Demokratie in Polen und Ungarn. Wie kann und soll die Europäische Union reagieren?«, in: *Die öffentliche Verwaltung* 71/2018, S. 381–388

Claudio Franzius, »Narrative für Europa?«, in: ders., Franz C. Mayer und Jürgen Neyer (Hg.), *Die Neuerfindung Europas. Bedeutung und Gehalte von Narrativen für die europäische Integration*, Baden-Baden 2019, S. 9–20

Ernest Gellner, *Nationalismus und Moderne (1983)*, Berlin 1991

Gilles Grin, *Shaping Europe. The Path to European Integration according to Jean Monnet*, Lausanne 2017

Jürgen Habermas, *Die Einbeziehung des Anderen. Studien zur politischen Theorie*, Frankfurt a. M. 1996

Jürgen Habermas, *Die postnationale Konstellation*, Frankfurt a. M. 1998

Gret Haller, *Die Grenzen der Solidarität. Europa und die USA im Umgang mit Staat, Nation und Religion*, Berlin 2002

Gret Haller, *Menschenrechte ohne Demokratie? Der Weg der Versöhnung von Freiheit und Gleichheit*, Berlin 2012

Gret Haller, »Artikel 13: Die Gleichheit der Menschen – und ihr Verhältnis zur Brüderlichkeit«, in: Sylvia Schraut, Peter Steinbach, Wolfgang M. Gall und Reinhold Weber (Hg.), *Menschenrechte und Geschichte. Die 13 Offenburger Forderungen des Volkes von 1847*, Stuttgart 2015, S. 271–281

Andreas Haratsch, Peter Schiffauer und Dimitris Th. Tsatsos, »Einleitung«, in: Dimitris Th. Tsatsos (Hg.), *Die Unionsgrundordnung, Handbuch zur Europäischen Verfassung*, Berlin 2010, S. 1–9

Dag Nikolaus Hasse, *Was ist europäisch? Zur Überwindung kolonialer und romantischer Denkformen*, Ditzingen 2021

Caspar Hirschi, *Wettkampf der Nationen. Konstruktion einer deutschen Ehrgemeinschaft an der Wende vom Mittelalter zur Neuzeit*, Göttingen 2005

Peter M. Huber, »Die parlamentarische Kontrolle supranationaler Herrschaftsgewalt«, in: *Bitburger Gespräche*, Bd. 61, Jahrbuch 2018, Thema: »Parlamentarische Kontrolle in der Krise?«, München 2019, S. 31–64

Peter M. Huber, »Europa am Scheideweg – zur Notwendigkeit einer realistischen und nachhaltigen Fortentwicklung der Europäischen Union, deutschen ›Hausaufgaben‹ und der Bedeutung eines Narrativs«, in: Claudio Franzius, Franz C. Mayer und Jürgen Neyer (Hg.), *Die Neuerfindung Europas. Bedeutung und Gehalte von Narrativen für die europäische Integration*, Baden-Baden 2019, S. 215–233

Nina Huthöfer, »Politische Führung im Semipräsidentialismus: das Fallbeispiel Frankreich«, in: Martin Sebaldt und Hernrik Gast (Hg.), P*olitische Führung in westlichen Regierungssystemen. Theorie und Praxis im internationalen Vergleich*, Wiesbaden 2010, S. 257–280

Stefan Kadelbach, »Die rechtsstaatliche Einbindung der europäischen Wirtschaftsverwaltung«, in: Jürgen Schwarze

(Hg.), *Die rechtsstaatliche Einbindung der europäischen Wirtschaftsverwaltung*, Europarecht, Beiheft 2/2002, S. 7–28

Thorsten Kingreen, »Grundfreiheiten und Grundrechte«, in: Claudio Franzius, Franz C. Mayer und Jürgen Neyer (Hg.), *Strukturfragen der Europäischen Union*, Baden-Baden 2010, S. 218–230

Heinz Kleger, *Demokratisches Regieren. Bürgersouveränität, Repräsentation und Legitimation*, Baden-Baden 2018

Franz Knipping, »Die ›Méthode Monnet‹ der europäischen Integration. Mythos und Realität«, in: Wolfgang Baumann, Ulrich Braukmann und Winfried Matthes (Hg.), *Innovation und Internationalisierung. Festschrift für Norbert Koubek*, Wiesbaden 2010, S. 364–379

Albrecht Koschorke, Thomas Frank, Ethel Matala de Mazza und Susanne Lüdemann (Hg.), *Der fiktive Staat. Konstruktionen des politischen Körpers in der Geschichte Europas*, Frankfurt a. M. 2007

Albrecht Koschorke, *Hegel und wir*, Berlin 2015

Albrecht Koschorke, »Auf der Suche nach dem verlorenen Europa-Narrativ«, in: Claudio Franzius, Franz C. Mayer und Jürgen Neyer (Hg.), *Die Neuerfindung Europas. Bedeutung und Gehalte von Narrativen für die europäische Integration*, Baden-Baden 2019, S. 21–32

Peter Koslowski und Rémi Brague, *Vaterland Europa. Europäische und nationale Identität im Konflikt*, Wien 1997

Markus Kotzur, »Zur politischen Identität europäischer Staaten«, in: Dimitris Th. Tsatsos (Hg.), *Die Unionsgrundordnung, Handbuch zur Europäischen Verfassung*, Berlin 2010, S. 165–180

Markus Kotzur, »Völkerrechtliche Grundlagen der Europäischen Union«, in: Armin Hatje und Peter-Christian Müller-Graff (Hg.), *Europäisches Organisations- und Verfassungsrecht*, Baden-Baden 2022, S. 297–313

Dieter Langewiesche, *Reich, Nation, Föderation. Deutschland und Europa*, München 2008

Dieter Langewiesche, »Föderalstaatliche Traditionen und europäische Entwicklungsperspektiven«, in: Anthony B. Atkinson, Peter M. Huber, Harold James und Fritz W. Scharpf (Hg.), *Nationalstaat und Europäische Union. Eine Bestandsaufnahme*, Baden-Baden 2016, S. 39–53

Dieter Langewiesche, *Der gewaltsame Lehrer. Europas Kriege in der Moderne*, München 2019

Koen Lenaerts, »Die Werte der Europäischen Union in der Rechtsprechung des Gerichtshofes der Union. Eine Annäherung«, in: *Europäische Grundrechte-Zeitschrift* 44/ 2017, S. 639–642

Jörn Leonhard, »Labile Loyalitäten. Über nationale Integration in der europäischen Geschichte«, in: Anthony B. Atkinson, Peter M. Huber, Harold James und Fritz W. Scharpf (Hg.), *Nationalstaat und Europäische Union. Eine Bestandsaufnahme*, Baden-Baden 2016, S. 15–38

Isabelle Ley, »Kant versus Locke. Europarechtlicher und völkerrechtlicher Konstitutionalismus im Vergleich«, in: *Zeitschrift für ausländisches öffentliches Recht und Völkerrecht* 2/2009, S. 317–345

Isabelle Ley, »Verfassung ohne Grenzen? Zur Bedeutung von Grenzen im postnationalen Konstitutionalismus«, in: Ingolf Pernice, Benjamin von Engelhardt, Sarah H. Krieg, Isabelle Ley und Osvaldo Saldias (Hg.), *Europa jenseits seiner Grenzen. Politologische, historische und juristische Perspektiven*, Baden-Baden 2009, S. 91–126

Norbert Mappes-Niediek, *Europas geteilter Himmel. Warum der Westen den Osten nicht versteht*, Berlin 2021

Eric Maurice, Emilie Malivert und Ana Pasturel, »L'État de droit en Pologne et la fausse querelle de la primauté du droit européen«, Policy paper Fondation Robert Schuman, *Question d'Europe* Nr. 615, 29. November 2021, S. 3, www.robert-schuman.eu/questions-d-europe/0615-l-etat-de-droit-en-pologne-ou-la-fausse-querelle-de-la-primaute-du-droit-europeen (Zugriff 10. Februar 2024)

Eric Maurice, »État de droit. La pari incertain de la conditionalité«, Policy paper Fondation Robert Schuman, *Question d'Europe* Nr. 660, 13. März 2023, S. 7, www.robert-schuman.eu/questions-d-europe/660-etat-de-droit-le-pari-incertain-de-la-conditionnalite (Zugriff 11. Februar 2024)

Franz C. Mayer, »Die Europäische Union als Rechtsgemeinschaft – ein überholtes Narrativ?«, in: Claudio Franzius, Franz C. Mayer und Jürgen Neyer (Hg.), *Die Neuerfindung Europas. Bedeutung und Gehalte von Narrativen für die europäische Integration*, Baden-Baden 2019, S. 111–130

Franz C. Mayer und Matthias Wendel, »Die verfassungsrechtlichen Grundlagen des Europarechts«, in: Armin Hatje und Peter-Christian Müller-Graff (Hg.), *Europäisches Organisations- und Verfassungsrecht*, Baden-Baden 2022, S. 131–259

Luuk van Middelaar, *Vom Kontinent zur Union. Gegenwart und Geschichte des vereinten Europa*, Bonn 2017

Christoph Möllers, *Die drei Gewalten. Legitimation der Gewaltengliederung in Verfassungsstaat, Europäischer Integration und Internationalisierung*, Weilerswist 2008

Christoph Möllers., »Verfassungsgebende Gewalt – Verfassung – Konstitutionalisierung«, in: Armin von Bogdandy und Jürgen Bast (Hg.), *Europäisches Verfassungsrecht*, Heidelberg 2009, S. 227–277

Christoph Möllers, »Demokratische Ebenengliederung«, in: Ivo Appel, Georg Hermes und Christoph Schönberger (Hg.), *Öffentliches Recht im offenen Staat. Festschrift für Rainer Wahl zum 70. Geburtstag*, Berlin 2011, S. 759–778

Christoph Möllers und Linda Schneider, *Demokratisierung in der Europäischen Union*, Berlin 2018

Christoph Möllers, *Die Europäische Union als demokratische Föderation*, Köln 2019

Christoph Möllers, *Freiheitsgrade. Elemente einer liberalen politischen Mechanik*, Berlin 2020

Christoph Möllers, »Im Übergang. Institutionelle Bedingungen sogenannter EU-Skepsis«, in: *Mittelweg 36, Zeitschrift des Hamburger Instituts für Sozialforschung* 31/1 2022, S. 17–37

Peter-Christian Müller-Graff, »Die Europäische Union als Rechtsgemeinschaft«, in: ders. (Hg.), *Kernelemente der europäischen Integration*, Baden-Baden 2020, S. 39–66

Andreas Niederberger und Emanuel Richter, »Einleitung zum Themenheft ›Republikanismus‹«, in: dies. (Hg.), *Zeitschrift für politische Theorie* 5 (1) 2014, S. 3–9

Carl-Friedrich Ophüls, »Juristische Grundgedanken des Schumanplans«, in: *Neue Juristische Wochenschrift* 4/8 1951, S. 289–292

Katharina Peetz, »Ferdinand Tönnies und Helmuth Plessner«, in: Lucia Scherzberger (Hg.), *Gemeinschaftskonzepte im 20. Jahrhundert. Zwischen Wissenschaft und Ideologie*, Darmstadt 2022, S. 17–44

Ingolf Pernice, »Zur Finalität Europas«, in: Gunnar Folke Schuppert, Ingolf Pernice und Ulrich Haltern (Hg.), *Europawissenschaft*, Baden-Baden 2005, S. 743–792

Ingolf Pernice, »La Rete Europea di Costituzionalità. Der Europäische Verfassungsverbund und die Netzwerktheorie«, in: *Zeitschrift für ausländisches öffentliches Recht und Völkerrecht* 70/2010, S. 51–71

Ingolf Pernice, »Der Schutz nationaler Identität in der Europäischen Union«, in: *Archiv des öffentlichen Rechts* 136 (2) 2011, S. 185–221

Ingolf Pernice, »Unionsgrundordnung und die europäische Verfassungsperspektive«, in: Peter Brandt, Andreas Haratsch und Hans-Rüdiger Schmidt (Hg.), *Verfassung – Parteien – Unionsgrundordnung. Gedenksymposion für Dimitris Th. Tsatsos. Erträge des Symposions des Dimitris-Tsatsos-Instituts für Europäische Verfassungswissenschaften an der FernUniversität in Hagen am 6. und 7. Mai 2011,* Berlin 2015, S. 177–184

Ingolf Pernice, »Die Normativität der Europäischen Verfassung. Wunschdenken oder Wegweisung der Zukunft?«, in: Julian Krüper, Mehrdad Payandeh und Heiko Sauer (Hg.), *Konrad Hesses normative Kraft der Verfassung*, Tübingen 2019

Helmuth Plessner, *Grenzen der Gemeinschaft. Eine Kritik des sozialen Radikalismus* (1924), Frankfurt a. M. 2001

Helmuth Plessner, »Nachwort zu Ferdinand Tönnies« (1955), in ders., *Politik – Anthropologie – Philosophie. Aufsätze und Vorträge,* München 2001, S. 177–183

Helmuth Plessner, »Das Problem der Öffentlichkeit und die Idee der Entfremdung« (1960), in: *Gesammelte Schriften*, Bd. X, Schriften zur Soziologie und Sozialphilosophie, Frankfurt a. M. 1985, S. 212–226

Helmuth Plessner, »Soziale Rolle und menschliche Natur« (1960), in: ebd., S. 227–240

Helmuth Plessner, »Selbstdarstellung (1960)«, in: ebd., S. 302–343

Ulrich K. Preuß, »Das Politische im Europarecht«, in: Claudio Franzius, Franz C. Mayer und Jürgen Neyer (Hg.), *Strukturfragen der Europäischen Union*, Baden-Baden 2010, S. 325–339

Jörn Reinhardt, »Wozu Narrativität? Interventionen der Erzählforschung in Recht und Politik«, in: Claudio Franzius, Franz C. Mayer und Jürgen Neyer (Hg.), *Die Neuerfindung Europas.*

Bedeutung und Gehalte von Narrativen für die europäische Integration, Baden-Baden 2019, S. 33–44

Petra Rogge, *Der aufeinander einspielende Takt. Hüter leiblicher Würde*, Darmstadt 2021

Peter Schiffauer, »Nationale und Europäische Identität – von gesellschaftlicher Wirklichkeit zur wirklichen Gesellschaft?«, in: ders. und Krzysztof Lobos (Hg.), *Beiträge zu den Wurzeln der europäischen Integration. Ertrag einer deutsch-polnischen wissenschaftlichen Diskussion ein Jahrzehnt nach der Osterweiterung der Europäischen Union*, Berlin 2016, S. 57–101

Peter Schiffauer, »Erosion freiheitlicher konstitutioneller Grundwerte in Europa?«, in: ders. (Hg.), *Europa bedroht von innen und von außen? Erträge des Symposions des Dimitris-Tsatsos-Instituts für Europäische Verfassungswissenschaften am 14. und 15. Juni 2019 an der FernUniversität in Hagen*, Berlin 2020, S. 77–88

Christoph Schönberger, »Die Europäische Union als Bund. Zugleich ein Beitrag zur Verabschiedung des Staatenbund-Bundesstaat-Schemas«, in: *Archiv des öffentlichen Rechts* 129 (1) 2004, S. 81–120

Frank Schorkopf, *Der europäische Weg. Geschichte und Gegenwart der Europäischen Union*, Tübingen 2020

Hagen Schulze, *Staat und Nation in der europäischen Geschichte*, München 1995

Martin Sebaldt, »Die Muster politischer Führung in westlichen Regierungssystemen. Empirische Befunde im Vergleich«, in: Martin Sebaldt und Hernrik Gast (Hg.), *Politische Führung in westlichen Regierungssystemen. Theorie und Praxis im internationalen Vergleich*, Wiesbaden 2010, S. 335–361

Timothy Snyder, *Der Weg in die Unfreiheit. Russland, Europa, Amerika*, München 2018

Kurt R. Spillmann, *Amerikas Ideologie des Friedens. Ursprünge, Formverwandlungen und geschichtliche Auswirkungen des amerikanischen Glaubens an den Mythos von einer friedlichen Weltordnung*, Bern, Frankfurt a. M., New York 1984

Walter Sprondel, »Stationen auf dem Weg zur Philosophie als Beruf. Von Wiesbaden über Heidelberg und Erlangen nach München«, in: Tilmann Allert und Joachim Fischer (Hg.), *Plessner in Wiesbaden*, Wiesbaden 2014, S. 77–88

Manfred Stelzer, »Die vertikale Kompetenzverteilung«, in: Dimitris Th. Tsatsos (Hg.), *Die Unionsgrundordnung, Handbuch zur Europäischen Verfassung*, Berlin 2010, S. 385–408

Daniel Thym, »Zustand und Zukunft der Europarechtswissenschaft in Deutschland«, in: *Europarecht* 6/2015, S. 671–703

Daniel Thym, »Staatsvolk, Migration, Nation«, in: Uwe Kischel und Hanno Kube, *Handbuch des Staatsrechts*, Bd. I: *Grundlagen, Wandel und Herausforderungen*, Neuausgabe, Heidelberg 2023, S. 483–521

Uwe Volkmann, »Von Ursprung und Ziel der Europäischen Union. Die Perspektive der Rechtswissenschaft«, in: Gregor Kirchhof, Hanno Kube und Reiner Schmidt (Hg.), *Von Ursprung und Ziel der Europäischen Union. Elf Perspektiven*, Tübingen 2017, S. 57–73

Joseph H. H. Weiler, In defence of the status quo. Europe's constitutional *Sonderweg*, in: ders. und Marlene Wind (Hg.), European Constitutionalism beyond the state, Cambridge 2003, S. 7–23

Christian Weisflog, »Biden greift Trump frontal an«, in: *Neue Zürcher Zeitung*, 8. Januar 2024

Thomas Wischmeyer, »Nationale Identität und Verfassungsidentität, Schutzgehalte, Instrumente, Perspektiven«, in: *Archiv des öffentlichen Rechts* 140 (3) 2015, S. 415–460

Jiri Zemanek, »Gesetzgebung. Zuständigkeiten, Organe und Verfahren«, in: Dimitris Th. Tsatsos (Hg.), *Die Unionsgrundordnung. Handbuch zur Europäischen Verfassung*, Berlin 2010, S. 409–420

Andreas Zielcke, »Nationalismus als ›Fremdkörper im Nationalstaat‹«, in: *Süddeutsche Zeitung*, 9. Juni 2016